MÉMOIRE

SUR

LES FINANCES;

PAR M^R. GUILLAUME,

Ancien Agent de Change,

ET M^R. REY,

Ex-Payeur-Général des Troupes Françaises en Toscane.

1er. *Cahier.*

A PARIS,

Chez { ANT. BAILLEUL, Imprimeur-Libraire du Commerce, rue Sainte-Anne, N°. 71 ;
Delaunay, Libraire au Palais-Royal, Galerie de bois, N°s. 243-244 ;

ET CHEZ LES AUTEURS, RUE DES JEUNEURS, N°. 18.

JUILLET 1817.

TABLE.

NOTES.

PROJET DE FINANCES.

MOYENS ET FIN DU PROJET.

Tout le monde est d'accord sur les dépenses immenses du Gouvernement, qui se renouvellent comme nos jours, sur l'inexorable nécessité de ces dépenses, sur l'insuffisance de nos ressources pour y faire face, et sur les funestes effets de l'exportation de notre numéraire.

Au contraire, une dissidence générale d'opinions s'est manifestée sur le choix et l'espèce des voies et moyens à prendre pour remplir nos besoins, acquitter nos engagemens, et porter à notre agriculture et à notre industrie les secours, ou tout au moins les soulagemens qu'elles réclament, sous peine de leur ruine.

Les Ministres eux-mêmes, en proposant, et les Chambres en adoptant le budget de 1817, sont convenus que si ce plan de finances leur paraissait être le meilleur de ceux présentés, et celui qui pouvait le mieux assurer la marche du Gouvernement, il ne remplissait pourtant pas tous leurs vœux, puisqu'il augmentait les impôts au lieu de les réduire, et ne laissait à la nation, pour longues années, aucun espoir d'allègement dans ses énormes charges.

Ces vœux sont le cri de la vérité, l'élan de l'amour de la patrie; ils nous animent, nous encouragent, et nous y répondons en apportant au pied du trône le produit de nos veilles, le fruit de nos réflexions.

Les difficultés sont connues.

Il s'agit :

1°. De payer aux puissances étrangères, en 1818, 1819 et 1820, une contribution annuelle de guerre de cent quarante millions de francs, ci. 420,000,000

2°. De payer pour la solde, l'habillement, l'équipement des troupes étrangères, et autres objets accessoires, pendant les mêmes années, une somme annuelle de cinquante millions, et un arriéré de quinze millions consenti sur l'année 1816 (1), ci. 165,000,000

585,000,000

---

(1) Cet arriéré a été consenti pour 20 millions ; mais 5 millions sont payés sur le budget adopté pour 1817. (Art. 5 de l'acte, et art. 2 de la convention de l'occupation militaire, du 20 novembre 1815.)

Report 585,000,000

3º. De fournir à ces troupes le logement, le chauffage, l'éclairage, les vivres et les fourrages en nature, pendant les mêmes années : objets qui sont portés au budget de 1817 pour une somme annuelle de cent millions, ci. 300,000,000

Total des charges de guerre. 885,000,000

4º. De créer une armée et son matériel ; de pourvoir à leur entretien, et à la réparation, à l'approvisionnement et à l'armement de nos places fortes ;

5º. D'entretenir nos arsenaux ; d'armer et restaurer nos vaisseaux ;

6º. De contre-balancer, par des rachats, les augmentations considérables que notre dette publique, et autres dépenses analogues, déjà portées au budget de 1817 pour 192,805,462 francs (2), doivent recevoir de la liquidation de notre dette arriérée et des créances étrangères ; et, plus tard, de réduire la dette publique, ou les rentes de l'État qui la représentent, à une somme modérée, et préparer à l'État, dans l'avenir, des ressources certaines et peu onéreuses pour les événemens extraordinaires et des circonstances difficiles (3) ;

7º. De raviver les sources de la prospérité publique par la réduction des contributions publiques, sans ôter au Roi les moyens de pourvoir aux dépenses d'une administration forte, active, à l'achèvement des travaux d'utilité publique et des grands monumens commencés sur toute l'étendue de la France (4) ;

---

(2) Sont compris dans cette somme 15 millions seulement sur l'emprunt de 30 millions de rentes créées pour 1817.

(3) Les rentes de l'État sont payées par et avec les contributions publiques. Ces rentes, en France, absorbent une partie très-considérable des revenus publics. Si les rentes sont modérées, réduites à peu, ou éteintes dans un certain nombre d'années et par une combinaison de finances bien entendue, les contributions seront réduites du montant de cette dépense. Ainsi, dans un cas de besoin, le Gouvernement aura à sa disposition, de suite, le rétablissement des impôts à leur taux antécédent, pour appliquer ce surcroît à ses dépenses extraordinaires, ou au paiement d'une nouvelle dette publique, représentative des emprunts qu'il pourrait faire. Mais cette opération doit être mesurée sur une longue échelle d'années, et subordonnée aux besoins présens. (*Voir note* J, *page* 52.)

(4) Dans l'état d'avancement où la plus grande partie et la presque généralité de ces travaux se trouvent, il nous paraît indispensable, même sous le rapport d'économie, de faire les plus grands sacrifices pour les achever. Ceux d'une utilité publique profiteront à la génération qui en a fait les frais ; les monumens publics remplaceront sur toute la surface de la France nos châteaux, nos campagnes de luxe dévastés ; ils seront un des nombreux titres qui nous restent pour disputer la suprématie dans le rang des nations.

D'ailleurs, les événemens plus qu'extraordinaires dont nous sortons ont dérangé le commerce de ses bases, brouillé tous ses rapports. Plusieurs années s'écouleront avant qu'il ait pris une direction régulière et certaine. D'ici là, peut-on mieux faire que d'employer à l'achèvement de ces grandes constructions les bras de nos compatriotes sans état, sans ouvrage, et de nos soldats désarmés !

8°. De donner de la vie aux élémens de crédit que le Gouvernement a dans les mains (5);

9°. Enfin , et par des combinaisons habiles, de soustraire notre numéraire à l'exportation, et de réattirer en France les métaux que l'adresse et la force nous ont enlevés.

La tâche est effrayante.

L'entreprise est immense ; mais elle est plus pénible , plus délicate que difficile.

Son succès nous paraît certain par nos moyens.

Le désir de servir la France, l'espoir d'aider notre patrie à se relever des malheurs qui l'accablent, ont soutenu nos efforts. Nous fondons notre confiance dans le succès sur l'intérêt que chaque individu, chaque classe de citoyens aura à favoriser les moyens d'exécution que nous proposons, et sur l'expérience que d'autres peuples ont faite, et qui se fait sous nos yeux, au milieu de nous, de leur solidité.

Ces moyens sont :

1°. L'augmentation du signe représentatif d'échange par l'augmentation du prix de l'argent, et par la création d'une Banque générale, que nous nommerons *Banque royale-nationale de France;*

2°. L'adoption d'un système d'admini tration des finances publiques plus simple, plus rapide, plus économique, et qui présente tout autant de clarté, de garantie et de moyens de contrôle que celui actuellement en vigueur (6).

DE L'AUGMENTATION DU PRIX DE L'ARGENT.

L'augmentation du prix de l'argent a deux objets : l'un, de prévenir, d'arrêter l'exportation de l'argent de France à l'étranger , et d'attirer et fixer en France l'argent de tous les pays; l'autre, de procurer à l'État une ressource considérable par la refonte des monnaies.

§. Ier.

De l'Importation et de l'Exportation de l'Argent.

L'argent, nécessaire à tous , recherché et négocié par tous , tient de sa propriété même une indépendance qu'aucun pouvoir n'a pu détruire. Les lois prohibitives gênent , mais n'empêchent point et n'ont jamais empêché l'exportation du numéraire; et (pour prouver cette observation par un exemple) nos hôtels des monnaies furent de tout temps approvisionnés par les piastres d'Espagne. Aussi les Gouvernemens de

---

(5) Voir le chapitre intitulé : *Du Crédit*, page 31.

(6) Les développemens de ce moyen seront la matière d'un second cahier , qui fera suite à celui-ci, et le sujet d'un travail particulier et très-important auquel nous nous livrerons , si nous parvenons à réunir les matériaux indispensables po r le rendre complet.

toutes les nations, même les Gouvernemens les plus despotes ou les plus ignorans, ont reconnu la nécessité de fixer et ont fixé, chez eux, un prix légal à l'argent. Et comme, en établissant ces tarifs, chaque Gouvernement a eu en vue de conserver et d'attirer l'argent chez lui, il est résulté de l'ensemble de ces tarifs une sorte d'équilibre qui conserve à chaque État la masse du numéraire que les siècles, les conquêtes et le commerce y ont amassés.

Cette sorte d'équilibre est encore maintenue par cette règle générale que, là où une matière abonde, elle perd de son prix ou de sa valeur relative, et devient alors l'objet de la spéculation d'hommes habiles et industrieux qui l'achètent et l'enlèvent pour la transporter et la vendre là où la rareté lui donne un prix relatif beaucoup plus élevé.

Mais il est des chances ou des combinaisons qui peuvent déranger tout-à-fait cet équilibre. Telles seraient : une exportation extraordinaire du numéraire par la levée d'une contribution de guerre en espèces; l'augmentation qu'un État pourrait faire du prix légal de l'argent chez lui. Et s'il arrivait que la puissance dominante fût celle qui augmentât le prix légal de l'argent, alors l'argent, enlevé d'un État par la force et exporté par les spéculateurs, s'amasserait et se fixerait chez elle, si la puissance frappée de ce double fléau ne réagissait fortement contre ces moyens destructeurs, pour rétablir l'équilibre et réattirer l'argent dans son sein.

Cette chance et cette combinaison se trouvent aujourd'hui réunies en faveur de l'Angleterre, et au détriment de la France.

La France s'est soumise à une contribution de guerre énorme.

L'Angleterre a élevé le prix légal de l'argent chez elle de $6\frac{1}{4}$ pour cent environ (7).

L'Angleterre et l'Europe lèvent et emportent l'argent de France par la contribution de guerre.

L'Angleterre le soutire par le haut prix qu'elle le paye.

Ce dernier moyen n'est ni le moins dangereux ni le moins actif; nous allons le démontrer.

Depuis la paix de 1815 jusqu'à ce jour, ce n'est que le 11 octobre 1816 que le change de Londres sur Paris a été coté à 26 francs pour une livre sterling, à 3 jours de vue. Le plus bas change a été coté à 24 fr. 50 cent. pour une livre sterling. Le terme moyen donne donc 25 fr. 25 cent. pour une livre sterling, à 3 jours de vue.

La livre sterling contient 104 grammes $\frac{5705}{10000}$ d'argent pur, qui, à 22 centimes $\frac{2222}{10000}$ le gramme, prix actuel du tarif de France, produisent une somme de 23 fr. $\frac{2267}{10000}$. Le

---

(7) Le prix de l'or n'a pas été augmenté. Le prix de l'argent a été augmenté de 62 schillings sterlings à 66 schillings sterlings la livre-poids anglaise, de 12 onces, soit de 8 liv. $\frac{5118}{10000}$ sterlings à 8 liv. $\frac{8492}{10000}$ sterlings le kilogramme ; ce qui donne une augmentation de 6 $\frac{4516}{10000}$ pour $\frac{o}{o}$. (*Voir la note* 9 , *page* 5.)

(5)

pair actuel et effectif de Paris avec Londres est donc de 23 fr. $\frac{2267}{10000}$ pour une livre sterling (8).

Ainsi, l'Angleterre donne 23 fr. $\frac{2267}{10000}$ à Londres (soit une livre sterling), pour recevoir à Paris 25 fr. 25 cent., et bénéficie 8 $\frac{3}{4}$ p. $\frac{0}{0}$ sur la France.

Or, si, en portant de Paris à Londres un morceau ou une pièce d'argent pur, du poids de 104 grammes $\frac{5503}{10000}$, qui coûte à Paris 23 fr. $\frac{2267}{10000}$, on les vend à la monnaie de Londres, et on en retire une livre sterling, avec laquelle on achète une traite sur Paris, à 3 jours de vue, de 25 fr. 25 cent., il en résultera que l'opération aura donné au spéculateur 2 fr. $\frac{0253}{10000}$, soit 8 $\frac{3}{4}$ p. $\frac{0}{0}$ de bénéfice, (sauf les frais, l'assurance et la perte de temps, qui n'excèdent pas 2 p. $\frac{0}{0}$); il résultera aussi de ce lucre que l'exportation de l'argent de France pour l'Angleterre sera l'objet de spéculations constantes et multipliées.

Sans doute que le change peut varier et s'améliorer pour la France: mais ne nous faisons pas illusion; et puisque nous nous sommes soumis à être les tributaires de l'Angleterre et de l'Europe, ayons assez de caractère pour mesurer toute l'étendue de nos sacrifices, et en approfondir toutes les suites. Débiteurs, pour longues années, de l'Europe et de l'Angleterre, soit par l'acquittement de la prestation militaire, soit par la liquidation des remboursemens sans limites auxquels nous nous sommes engagés, soit par le retour à l'étranger des capitaux qu'il nous prête à gros intérêts, soit par le paiement de ces intérêts, pour long-temps le change de Londres sur Paris sera défavorable et menaçant pour nous.

Cependant, admettons pour vraie et comme prochaine cette amélioration du change; et supposons qu'il descende jusqu'au pair effectif, c'est-à-dire à 23 fr. $\frac{2267}{10000}$ pour une livre sterling : alors encore, l'Angleterre aura le moyen de soutirer notre argent par son or.

Au prix fixé en Angleterre pour l'or en guinées (9), on a à Londres, avec 46 liv. 14 s. 6 d. sterl., une livre-poids de 12 onces anglaises, équivalant à 372 grammes $\frac{9180}{10000}$ poids de France. Ceux-ci, calculés à 3 fr. $\frac{1585}{10000}$ le gramme, prix actuel du tarif de France, au titre de $\frac{917}{1000}$, qui est le titre anglais, produisent une somme de 1177 fr. $\frac{8470}{10000}$ en or pur à Paris. Cet or, changé à Paris en argent de France, et celui-ci transporté

---

(8) Le pair de France avec l'Angleterre, avant l'augmentation du prix de l'argent en Angleterre, était de 24 fr. $\frac{7151}{10000}$. Le pair est toujours calculé et établi sur le titre de fin des métaux d'or et d'argent, distraction faite de toute portion d'alliage.

(9) Ce prix de 46 liv. 14 s. 6 d. sterl, pour une livre-poids anglaise de 12 onces, donne 125 liv. $\frac{1856}{10000}$ sterlings pour un kilogramme, au titre de $\frac{917}{1000}$ de fin, soit 136 liv. $\frac{6564}{10000}$ sterlings pour un kilogramme d'or pur à $\frac{1000}{1000}$ de fin.

L'argent à Londres est au titre de $\frac{925}{1000}$ de fin : ce qui donnait, au prix de l'ancien tarif légal, 8 l. $\frac{1118}{10000}$ sterlings pour un kilogramme. à ce titre, soit 8 liv. $\frac{9868}{10000}$ sterlings pour un kilogramme d'argent pur à $\frac{1000}{1000}$ de fin, et donne, au prix du nouveau tarif légal, 8 liv. $\frac{8491}{10000}$ sterlings pour un kilogramme, à ce titre, soit 9 liv. $\frac{5667}{10000}$ sterlings pour un kilogramme d'argent pur à $\frac{1000}{1000}$ de fin. (*Voir la note 7, page 4.*)

en Angleterre, donnent à Londres (à raison d'une livre sterling pour 23 fr. $\frac{2267}{10000}$; pair actuel et effectif de Paris avec Londres) 5o liv. 14 s. 2 d. sterlings en monnaie d'Angleterre. On retire donc de l'opération 5o liv. 14 s. 2 d. sterlings pour 46 liv. 14 s. 6 d. sterlings qu'on avait déboursés : ce qui présente 3 liv. 19 s. 8 d. sterlings, soit 8 $\frac{1}{2}$ p. $\frac{0}{0}$ de bénéfice.

Qu'on ne nous objecte pas que, par ce mode, l'or importé remplaçant l'argent exporté, il n'y a pas d'exportation de numéraire. Mathématiquement parlant, en recevant somme pour somme et valeur intrinsèque pour valeur intrinsèque, la France ne perd rien. Mais il convient de remarquer ici (et la remarque est de la plus haute importance) que si l'or représente l'argent comme matière métallique, comme valeur intrinsèque, il ne le remplace pas comme signe usuel d'échange ; car, l'argent seul circule, sert aux paiemens et aux transactions de toute nature (10). L'or est pour l'État ce que l'argenterie et les bijoux sont pour les particuliers. L'échange de l'argent par de l'or diminue donc d'autant le signe usuel d'échange, restreint les transactions, paralyse les affaires, et absorbe ainsi ou détourne la sève qui nourrit et vivifie le Trésor public.

Il est donc indispensable et urgent de porter remède à un ordre de choses aussi désolant. Le moyen le plus immédiat et le plus efficace, c'est l'augmentation du prix de l'argent.

En Angleterre, l'or pur était à l'argent pur, avant le bill d'augmentation, dans la proportion de 1 à 15 $\frac{2001}{10000}$.

Le bill du 31 mai 1816, qui a augmenté le prix de l'argent de 6 $\frac{4545}{10000}$ p. $\frac{0}{0}$, a réduit cette proportion de 1 à 14 $\frac{2876}{10000}$.

L'or étant fixé en France à 3,444 fr. $\frac{4444}{10000}$ le kilogramme, et l'argent y étant fixé à 222 fr. $\frac{2222}{10000}$ le kilogramme, l'or se trouve avec l'argent dans la proportion de 1 à 15 $\frac{5000}{10000}$.

Il nous paraîtrait convenable d'élever le prix légal de l'or à 3,5oo fr. le kilogr. (11),

---

(10) L'or, précieux par son essence, commode par son poids et son peu de volume, séduisant par sa couleur, sert aux besoins personnels et individuels des riches ; il satisfait à toutes les passions, à tous les goûts ; il est l'agent principal du commerce des monnaies : l'avare, l'économe, le voyageur s'en emparent ; et lorsque quelque circonstance le fait sortir d'un coffre mystérieux, il est aussitôt serré par celui entre les mains de qui il tombe, et ne sort plus que pour un besoin et dans une autre circonstance extraordinaire.

L'or n'a de circulation que pour le commerce des monnaies et dans les mains des changeurs. (Voir *Rapport sur la Banque de France*, Moniteur du 21 janvier 1814, page 83. — *Note* 66, page 54 de ce mémoire.)

(11) L'augmentation de l'or est sans objet quant à notre plan, puisque, comme nous venons de le dire plus haut, l'or représente bien l'argent numériquement, mais ne le remplace pas comme signe usuel d'échange dans les paiemens. Mais la mince augmentation que nous proposons a un grand but d'u-

et le prix de l'argent à 250 fr. le kilogramme (12). Cette augmentation mettrait le rapport de l'or avec l'argent dans la proportion de 1 à 14 (13).

Par cette augmentation dans le prix de l'argent, le pair effectif de France avec l'Angleterre, qui est, d'après notre tarif actuel, de 23 fr. $\frac{2267}{10000}$ pour une livre sterling, monterait à 26 fr. $\frac{1300}{10000}$ pour une livre sterling.

Si cette proposition était admise, il en découlerait les conséquences suivantes :

Ou le change entre Paris et Londres s'améliorerait pour nous (ce qui n'est nullement probable), et l'argent serait attiré plus rapidement et plus abondamment de Londres à Paris ;

Ou le change se maintiendrait à 25 fr. 25 c. (terme moyen actuel) : dans ce cas, et de suite, l'exportation de notre argent par le commerce et la spéculation serait arrêtée, puisqu'à ce prix le change de Londres sur Paris perdrait $5\frac{1}{3}$ pour % (14) ;

Ou le change se mettrait au niveau du nouveau pair (26 fr. $\frac{1300}{10000}$ pour une livre sterling), et encore alors le change de Londres sur Paris perdrait 2 pour % (15), et l'exportation serait arrêtée ;

Ou le change se dégraderait pour nous, par des causes étrangeres aux espèces d'or et d'argent, successivement et au-delà de la proportion de la réduction de notre mon-

---

tilité pour les opérations sans nombre de la Banque, en ce qu'elle établit le prix du kilogramme d'or et le rapport de l'or à l'argent en sommes rondes, c'est-à-dire, sans fractions.

(12) Voici le tableau curieux des augmentations successives qui ont eu lieu dans le prix de l'argent : de l'an 789 à l'an 1031, le marc d'argent a valu de 67 centimes à 78 centimes ;— en 1158, il fut porté à 2 fr. 64 c. ; — de 1326 à 1350, il valut 6 fr. 72 c. ; — de 1350 à 1363, il fût porté à 12 fr. 70 c. ; — de 1364 à 1378, il retourna à 5 fr. 48 c. ; — en 1381, il valut 9 fr. 31 c. ; — en 1488, il s'éleva à 10 fr. 86 c. — Depuis lors, il a été toujours en augmentant. — En 1614, il fut porté à 24 fr. 27 c. ; — en 1670, à 32 fr. 98 c. ; — et en 1715, à 52 fr. 67 c. — En 1806, il a été fixé à 54 fr. 39 c. : ce prix correspond aux 222 fr. $\frac{2222}{10000}$ pour un kilogramme. Le marc pèse 244 grammes $\frac{1}{4}$.

(*Théorie du nouveau systême des poids et mesures* ; par M. Lepage-d'Arbigny, pag. 97, in-4°., 1806.)

(13) Au rapport ancien de l'or avec l'argent en Angleterre ($15\frac{2041}{10000}$), comparé avec le rapport actuel entre ces deux métaux en France ($15\frac{5000}{10000}$), l'Angleterre gagnait sur la France $1\frac{2461}{10000}$ pour %. — Au rapport nouveau de ces métaux en Angleterre ($14\frac{1826}{10000}$), comparé avec leur rapport actuel en France ($15\frac{5000}{10000}$), l'Angleterre gagne sur la France $8\frac{5137}{10000}$ pour %. Au rapport nouveau de ces métaux en Angleterre ($14\frac{1826}{10000}$), comparé au rapport nouveau ($14\frac{0000}{0000}$), que nous proposons pour la France, l'Angleterre perdrait $1\frac{9786}{10000}$ pour %.

(14) Cette perte serait de 5 fr. $\frac{3461}{10000}$ pour %, et proviendrait, savoir : $3\frac{5671}{10000}$ de la différence du change supposé (25 fr. $\frac{2500}{10000}$), au pair fixe réel de 26 fr. $\frac{1300}{10000}$; et $1\frac{0786}{10000}$ de la différence du prix de l'or en Angleterre et en France. (*Voir* note 13, page 7.)

(15) Cette perte serait de $1\frac{9786}{10000}$, et proviendrait de la différence du prix de l'or en Angleterre et en France. (*Voir* note 13, page 7.)

naie : dans ce cas, l'exportation de l'argent par l'or serait toujours paralysée (16); le moyen de l'exportation par le change donnant des bénéfices moins grands, les spéculations seraient moins générales; et d'ailleurs, la France contre-balancerait ce désavantage par les importations d'espèces des autres parties de l'Europe que l'augmentation de son tarif légal lui procurerait en abondance.

§. II.

De la Refonte des Monnaies.

La refonte des monnaies est une opération fiscale ou politique.

Elle est fiscale, quand le Gouvernement l'entreprend comme un moyen de lever une contribution extraordinaire et progressive, en réduisant les monnaies dans leur titre ou dans leur poids, sans en payer la différence aux possesseurs.

Elle est politique, si le Gouvernement s'y détermine, par des raisons d'État, pour s'aider dans des circonstances impérieuses, et paye, à ceux qui en sont possesseurs, la différence qui s'établit entre l'ancienne et la nouvelle monnaie, par la réduction qu'il a jugé convenable de faire sur son titre ou sur son poids.

La première est un acte souverainement inique.

La seconde est un acte de prévoyance, de sagesse ou d'habileté.

C'est sous ce dernier point de vue que nous avons envisagé la refonte des monnaies que nous proposons.

D'après le nouveau prix de l'argent, dont nous avons parlé dans l'article précédent, et pour que les particuliers ni le Trésor royal ne soient lésés, il conviendrait que la pièce actuelle de 5 fr. (au titre de $\frac{900}{1000}$, et pesant 25 grammes), fût portée à la valeur nominale de 5 fr. 50 c.; que celle de 1 fr., soit l'unité monétaire (au même titre, et pesant 5 grammes), fût portée à la valeur nominale de 1 fr. 10 c. : ce qui équivaut à un 10e., soit 10 pour $\frac{o}{o}$, en sus : ainsi et dans la même proportion, pour toutes les autres monnaies d'argent (17).

---

(16) L'exportation de l'argent par l'or est tarie dans sa source, par le rapport que nous proposons d'établir entre l'or et l'argent, et qui rendrait l'argent plus cher en France qu'en Angleterre. (*Voir* note 13, page 7.)

(17) D'après la légère augmentation proposée pour le prix de l'or (*Voir* note 11, page 6), la pièce d'or actuelle de 40 fr. vaudrait 40 fr. 50 c., et celle de 20 fr. vaudrait 20 fr. 25 c. en francs nouveaux.

Les monnaies de cuivre n'ayant qu'une valeur de convention (*Voir* pag. 42), elles circuleraient et seraient reçues et données comme monnaies d'état, franc pour franc, valeur nominale et sans agio.

Il faut remarquer ici avec la plus grande attention, et ne jamais perdre de vue que l'équilibre entre les

Il ne serait fait aucun changement au titre.

Le rapport de l'ancienne monnaie à la nouvelle, ou de l'ancien au nouveau franc, serait donc comme 10 est à 11.

Les anciennes monnaies d'or et d'argent tournois, louis d'or, écus de 6 livres, etc., déjà tarifées, seraient mises en rapport avec le nouveau franc par un nouveau tarif, calculé sur le nouveau prix de l'or et de l'argent.

Les nouvelles espèces seraient la *monnaie courante de l'État*, et seraient invariables dans leur prix.

Les anciennes monnaies auraient un cours forcé, d'après les rapports légaux ci-dessus établis, jusqu'à ce que la refonte en fût assez avancée pour en rendre le cours libre, ou les faire sortir de la circulation. Jusqu'alors il serait de nouveau interdit à toutes personnes de les fondre, et il serait veillé très-rigoureusement à l'exécution de cette ordonnance.

Elles seraient désignées sous le nom de *monnaie ancienne*.

Les contributions publiques, fixées pour l'année 1817 à la somme de 757,608,667 fr. (18), pouvant être réduites de suite, par les combinaisons de notre plan, à 635 millions (*voir* page 44), et nos espèces d'or, d'argent, de billon et de cuivre, s'élevant à deux milliards environ (19), quatre années seraient plus que suffisantes pour retirer et convertir toute l'ancienne monnaie en monnaie nouvelle.

Les transactions passées entre particuliers, les transactions entre l'État et les particuliers, antérieures à la loi sur l'augmentation du prix de l'argent (que nous fixons au 1er. janvier 1818), les impositions arriérées de 1817 et années antérieures, et les dépenses et dettes de l'État, antérieures au 1er. janvier 1818, et non recouvrées ou non acquittées audit jour, seraient payées en *monnaie ancienne* au pair (c'est-à-dire franc

---

anciennes pièces d'or et le nouveau franc étant ainsi établi, tout ce qui va être dit dans la suite de ce chapitre n'a rapport qu'aux monnaies effectives d'argent.

(18) Loi du 25 mars 1817. (Voir au *Bulletin des lois*, pages 264 et 266.

(19) Suivant le projet de budget pour 1817 (pages 178 et 179), la fabrication depuis germinal an 2 (1794), jusqu'à 1816 inclusivement, s'élève à 1,629,666,538 f. 50 c., qui, réunis à 106,237,255 f. fabriqués en écus de cinq francs pendant quelques années antécédentes à l'an 2, donnent un total de 1,735,903,793 f. 50 c. La différence de cette somme à celle de deux milliards doit être remplie, et au-delà, par les anciennes pièces d'or et d'argent tournois, et par la monnaie de cuivre.

(*Voir*, pour la monnaie de cuivre, page 41 de ce mémoire.)

Argent..	Pièces de 5 francs..	915,283,885	»
	D°....*idem*.....	106,237,255	»
	D°...de 2 francs.	24,557,434	»
	D°...de 1 franc..	31,362,120	»
	D°... de ½ franc..	13,733,344	50
		1,091,174,038	50
	D°... de ¼ de fr..	247,795	«
	TOTAL.........	1,091,421,833	50
Or.....	Pièces de 40 francs.	134,857,880	»
	D°... de 20 francs.	509,624,080	»
	TOTAL.........	1,735.903.793	50

pour franc, valeur nominale, ou en *monnaie courante de l'État*, avec une bonification de 10 p. $\frac{0}{0}$ en sus en faveur du créancier.

A partir de cette époque (1er. janvier 1818), toutes les transactions généralement quelconques, les impôts et les charges de l'État (20) seraient stipulés et payés en *monnaie courante de l'État*, franc pour franc, valeur nominale, ou en *monnaie ancienne*, avec une remise ou escompte de 9 $\frac{091}{1000}$ pour $\frac{0}{0}$. (soit un onzième), en faveur du débiteur, sur la somme à payer.

A partir de la même époque, les changes avec l'étranger seraient cotés en *monnaie courante de l'État*.

Lorsque les traites fournies par l'Étranger sur la France n'énonceraient pas leur valeur en *monnaie courante de l'État* ou en *monnaie ancienne*, l'accepteur fixerait cette valeur par son acceptation ; à défaut, le porteur aurait droit, par le fait, à en exiger le paiement en *monnaie ancienne* ou en *monnaie courante de l'État*, avec l'agio ou bonification de 10 pour $\frac{0}{0}$.

Pour tous les billets et les traites tirés de France sur France, qui seraient dans le même cas, la date du billet ou de la traite déterminerait sa valeur en *ancien* ou *nouveau* franc.

Aucun effet, billet, traite, engagement et acte quelconque ne serait censé avoir été stipulé en monnaie de banque (21), s'il n'expliquait explicitement, par l'insertion des mots *monnaie de banque*, que telles étaient l'intention et la volonté du souscripteur.

Ces simples dispositions dégageraient l'opération de la refonte des monnaies de toutes les entraves et de tous les inconvéniens dont on peut la croire susceptible (22), et laisseraient le Gouvernement jouir en toute liberté, et avec tranquillité, de tous ses avantages.

Ces avantages, effets immédiats d'une refonte des monnaies, considérée et traitée comme opération politique, sont la multiplication du signe représentatif d'échange et la vivification du Trésor royal, par l'entrée dans ses caisses de la différence du prix et du poids entre l'ancienne et la nouvelle monnaie (23).

---

(20) *Voir* note 62, page 44 de ce mémoire.

(21) Voir le chapitre *Banque royale-nationale de France*, §. 2, page 13.

(22) Quand la refonte des monnaies a lieu sans faire supporter aux particuliers la réduction du poids ou du titre de la monnaie, elle est profitable à chacun individuellement : car le seul inconvénient que cette réduction puisse occasionner, est une augmentation relative ou proportionnée dans le prix des différentes denrées ou marchandises. Or, cette augmentation n'est jamais aussi subite, aussi complète, ni aussi générale : ainsi, par la refonte, chacun profite plus ou moins de l'augmentation numérique des espèces qu'il a dans les mains.

(23) La refonte des monnaies, faite sans la retenue de la valeur réduite en poids ou en titre, ne donne aucun bénéfice au Gouvernement ; mais elle met l'abondance dans ses caisses, puisqu'elle attire à elles tout le numéraire, et met à leur disposition, momentanément, le montant de la matière qui représente la

D'après les bases que nous venons de poser, et d'après l'effectif actuel de nos monnaies, cette différence serait de près de 170 millions (24).

Les autres avantages que l'État retirerait de cette opération seraient, 1°. de substituer une monnaie uniforme à des monnaies de différens titres, de différentes dimensions et de différens poids, 2° de faire disparaître les empreintes diverses qui déparent nos monnaies : empreintes, les unes, réprouvées par le goût ; les autres, traces trop durables d'événemens et d'un ordre de choses dont la Charte et la légitimité commandent l'oubli.

Enfin, cette refonte des monnaies, et l'augmentation du prix de l'argent, qui en est le principe, servent de point d'appui à la Banque royale-nationale de France, dont nous allons nous entretenir (25).

DE LA BANQUE ROYALE-NATIONALE DE FRANCE.

§. Ier.

De ses Principes et de son Administration.

Nous n'avons pas à démontrer ici l'utilité d'une Banque (c'est un point généralement reconnu), mais bien la nécessité, la possibilité de créer une Banque avec des combinaisons qui étendent son utilité à tous les citoyens et à l'État (26).

La Banque de Paris, nommée improprement *Banque de France*, est le comptoir de quelques actionnaires qui ont la faculté de retirer de leur argent un intérêt double, au moyen d'une création de billets autorisée par l'État, avec privilége exclusif.

Ce comptoir a rendu quelques services à l'État, d'après des insinuations suprêmes et sur des gages multipliés (27) ; il a rendu quelques services au commerce de Paris, non par l'escompte, puisque, dans toutes les occasions difficiles, il a resserré son

---

différence établie entre la nouvelle et l'ancienne monnaie. C'est pour le Gouvernement un grand moyen de crédit. (Voir chap. *Du crédit*, page 31.)

(24) *Voir* la note 19, page 9.

(25) Pour ne pas interrompre le développement de notre système, nous avons reporté à une note séparée quelques observations que nous avons faites sur la fabrication et la division des nouvelles monnaies. (*Voir* le chapitre qui traite de cette matière, page 39 de ce mémoire.)

(26) Le gouvernement russe a fait un pas vers ce grand but, par son ukase du 19-31 mai 1817. (Voir le *Journal du commerce* du 12 juillet 1817, N°. 193.)

(27) Rapports annuels de la Banque de France. (*Moniteur*, janvier 1814, page 111 ; — janvier 1815, pages 124 et 128 ; — janvier 1816, page 93. — *Voir* les renseignemens sur la Banque actuelle, page 54 de ce mémoire.)

escompte, au lieu de l'étendre, mais par l'émission de ses billets, qui ont facilité les paiemens, et qui sont, au surplus, indispensables dans une ville aussi vaste que Paris, et pour une population aussi immense.

La Banque de Paris n'est donc utile ni à l'État, car ses statuts lui interdisaient les secours qu'on a exigés d'elle (28); ni au commerce, puisque, pour la sureté de ses actionnaires, elle a réglé ses escomptes en sens inverse des besoins et des demandes faites (29); et si elle a fait quelque bien, c'est qu'il est de l'essence d'une Banque d'en faire, par la multiplication de signes d'échange, et que, sans émission de billets, il n'y aurait point de Banque, comme il n'y aurait point de banquiers sans circulation de lettres de change.

Aussi, vainement a-t-elle cherché à étendre ses ramifications : Lille, Rouen, Lyon ont refusé ou rendu nul (même onéreux, d'après les rapports de la Banque (3o)), un établissement qui devait enrichir des actionnaires étrangers aux dépens de leurs banques ou comptoirs particuliers.

Que, pour prix de son privilége, la Banque, ou l'établissement qui sera privilégié, ait pour premier devoir, et pour principale obligation, de venir au secours de l'Etat; que ses principales fonctions soient de recevoir le produit des impôts, de faire le service du Trésor royal pour ses dépenses; que ses bénéfices soient la propriété et le partage des porteurs de ses billets, au lieu d'actionnaires : alors cette Banque pourra aspirer à devenir et deviendra une Banque générale; alors elle pourra ouvrir partout avec succès des comptoirs.

Ces comptoirs ne seront plus refusés ni combattus; car ils ne seront plus les agens d'une compagnie étrangère, dont l'intérêt vient se mettre en opposition avec l'intérêt des banquiers de ces villes et provinces. Leur objet et leur but ne seront plus de remplir leurs caves d'argent, mais de le répandre partout où l'industrie le réclamera, et de favoriser ainsi toutes les classes de commerçans. Il ne s'agira plus que les comptoirs de Lyon, Marseille, Bordeaux, Nantes, Rouen, Lille, Strasbourg, etc., etc., rendent des bénéfices au comptoir de Paris; mais bien de multiplier partout le signe représentatif d'échange, de faire jouir chaque province, chaque ville, chaque particulier, de la commodité, de l'utilité et du profit de ce signe.

A juste titre, alors, elle devra être appelée *Banque royale - nationale de France*, puisque ses fonds seront faits de la masse totale du numéraire du royaume, et puisque ses bénéfices, appartenans aux porteurs des billets, deviendront la propriété de tous

---

(28-29) *Voir* les rapports annuels et les renseignemens mentionnés à la note 27, page 11. — *Voir* la loi organique du 22 avril 1806, le décret du 16 janvier 1808, articles 8, 16 et 17.

(3o) Rapports annuels de la Banque de France. (*Moniteur*, janvier 1815, page 124; — janvier 1816, page 94; — février 1817, page 138. — Décret du 18 mai 1808, articles 1, 2, 3, 4 et 5. — Renseignemens sur la Banque actuelle, page 54 de ce mémoire.)

les citoyens, le mobile du crédit de ces billets, et d'une circulation générale, quoiqué absolument libre.

Quant à son administration, la haute importance de la Banque, l'etendue de sa destination rendraient convenable que des députés des villes territoriales ayant au-dessus de trente mille ames de population, et des villes principales de commerce, choisis parmi le haut commerce et les grands propriétaires, concourussent à la formation du réglement qui la régirait et des billets qu'elle émettrait.

Ce n'est pas ici le lieu de parler du réglement ; mais nous devons faire remarquer qu'une disposition expresse doit soumettre les Ministres, leurs agens, les administrateurs, les employés de toute classe, qui se permettraient un acte quelconque contraire au réglement, à être punis sévèrement; et doit, par le seul fait de violation du réglement, leur faire encourir la poursuite et mise en accusation, pour être jugés. (*Voir* la note 42, page 19.)

§. II.

De ses Billets.

La Banque, ainsi organisée, aurait seule le privilége de créer des billets.

Ces billets s'élèveraient a la moitié, au plus, du numéraire effectif (31).

Ce numéraire, qui doit excéder deux milliards (32), est porté, par le budget de 1817, en monnaies fabriquées seulement depuis l'an 2 (1794), à 1,629,666,538 francs 50 cent. (33), qui, réunis aux 106,237,255 fr. fabriqués pendant quelques années antécédentes à l'an 2 (1794) (34), et aux 170,000,000 fr. environ d'espèces produits par la refonte (35), donnent une somme de 1,905,903,793 fr. 50 cent. en *monnaie courante d'État.*

Nous fixerons donc le montant des billets à créer à 900 millions de francs, valeur *argent courant de l'État* (36).

Ces billets seraient de 200 fr., 300 fr. et 1,000 fr.

---

(31) Suivant un rapport sur la Banque actuelle (*Moniteur*, 21 janvier 1814, page 83), un tiers environ de numéraire est supérieur à la réserve que les banques de circulation doivent conserver en espèces. (*Voir* la note sur la Banque actuelle, page 54 de ce mémoire.)

(32-33-34) *Voir* la note 19, page 9.

(35) *Voir* page 11, premier alinéa.

(36) Cette somme se trouve, en fait, de beaucoup inférieure à la moitié du numéraire, puisque nous ne comprenons pas ici les anciennes pièces d'or et d'argent tournois encore existantes en grand nombre,

Ils s'appelleraient *monnaie de Banque.*

Le cours en serait libre ; ils recevraient leur valeur de la confiance et des besoins des citoyens, et des prime et dividende qui y seraient attachés.

Ils jouiraient d'une prime de $4\frac{1}{5}$ pour $\frac{0}{0}$ par an, soit 6 cent. par 100 fr., et par chaque cinq jours, que nous fixerons (à cause de l'inégalité des mois), aux 5, 10. 15. 20. 25 et dernier jour de chaque mois.

Cette prime bonifiera au porteur du billet progressivement, et chaque cinquième jour, depuis l'émission du billet jusqu'à la fin de l'année.

La Banque payera et recevra les billets, avec l'augmentation successive par chaque cinq jours de la prime de $4\frac{1}{5}$ pour $\frac{0}{0}$ par an.

Ainsi, le 5 janvier 1818, un billet de 1,000 f. vaudra 1,000 fr. 60 cent.; le 10 janvier, il vaudra 1,001 fr. 20 cent.; le dernier de janvier, 1,003 fr. 60 cent.; le dernier de mars, 1,010 f. 80 cent.; le dernier de septembre 1,032 f. 40 cent.; et le dernier de décembre 1818, il vaudra 1,043 fr. 20 cent., etc., etc., etc.

Ainsi, les particuliers rechercheront et recevront, par préférence à l'argent, des billets qui bonifieront dans leur caisse, puisqu'un billet de 1,000 fr., reçu en paiement le 4 janvier pour 1,000 fr., vaudra au porteur, le 5 janvier, 1,000 fr. 60 cent.; le même, reçu en paiement le 10 janvier pour 1,001 fr. 20 cent., lui vaudra au dernier de mars 1,010 fr. 80 cent., etc., etc., etc.

Ainsi, le banquier, le négociant, porteront, pendant vingt-quatre jours de chaque mois, leur argent à la Banque pour en retirer des billets, et gagner l'augmentation successive de 6 cent. par 100 fr., que ces billets doivent gagner chaque cinquième jour du mois.

Ainsi, le capitaliste, le dépositaire, le thésauriseur, remplaceront par une valeur fructifiante une valeur inutile, quand elle est inactive, et seront conduits par leur intérêt personnel à contribuer à la prospérité de leur patrie, en jetant dans la circulation des métaux qui sont, dans notre état de civilisation, l'ame dl a société.

Ainsi, l'intérêt personnel et individuel étant le véhicule des billets de la Banque, leur bénéfice étant réalisable par les porteurs chaque cinquième jour, la circulation en sera facile, prompte, générale, et dans les provinces, et parmi toutes les classes de citoyens (37),

---

et que nous croyons, par aperçu, s'élever à plus de 200 millions (*voir* note 19, page 9) : ce qui donne la faculté d'étendre la création des billets à plus d'un milliard, pour atteindre la moitié du numéraire réel et effectif en or et en argent.

Les billets de la Banque actuelle de France, en 1814, s'élevaient à 251,319,000 fr. (*Moniteur*, 31 janvier 1815, page 124 .)

(37) L'agriculteur, le fermier, le propriétaire ne seront pas étrangers à ces bénéfices, et par conséquent à la circulation des billets de Banque. D'abord, par cette création, leurs contributions sont ré-

Ces billets jouiraient, en outre, d'un dividende variable, suivant les bénéfices de la Banque, mais qui ne pourrait excéder 1 ⅖ pour °/° par an. (Nous en parlerons plus bas. *Voir* §. IV, page 17.)

Au 31 décembre, ou dernier jour de chaque année, et après, à bureaux ouverts tous les jours, la Banque et ses comptoirs, ou ses correspondans, là où elle n'aurait pas de comptoir (38), payeraient à vue les 4 ⅘ pour °/° de prime et la somme de dividende aux porteurs des billets, et échangeraient les billets eux-mêmes contre d'autres billets.

L'échange du billet ferait la preuve et la libération du paiement de la prime et du dividende (39).

Pour faire cette opération, la Banque aurait à faire fabriquer et confectionner 1,800 millions de billets, dont la moitié, soit 900 millions seulement, seraient mis en circulation, et seraient remplacés à la fin de chaque année par l'autre moitié. De cette manière, il y aurait continuellement en réserve ou en caisse 900 millions de billets, et en circulation aussi et seulement 900 millions, comme nous l'avons indiqué plus haut.

Les billets composant chacune de ces sommes de 900 millions seraient timbrés, les uns des mots *années pairs*, les autres, des mots *années impairs*; et ils seraient mis en circulation dans les années correspondantes à ces mots distinctifs.

§. III.

De ses Opérations.

Les opérations de la Banque seraient :

1°. D'échanger ses billets, en les livrant ou recevant contre espèces, à présentation;

---

duites de » fr. » pour °/°. (*Voir* note 54, page 37); ensuite, le placement, en billets, du montant de leurs impositions leur donnera une autre diminution de 2 pour °/° au moins. *Exemple :* En prenant pour base le cinquième du revenu net de la propriété, un revenu de 5,000 fr. paye 1,000 fr. d'impôts; ces 1,000 fr., échangés en billets, donnent pour l'année une prime de 43 fr. 20 c.; mais les impositions se payant par 12ᵉ. ou par trimestre, le propriétaire ne profite que de moitié de ces 43 fr. 20 c., soit de 21 fr. 60 c., qui font plus de 2 pour °/°. Cet avantage peut être plus ou moins grand, suivant que le propriétaire est plus ou moins aisé, et qu'il peut échanger en billets telle ou telle portion de son revenu.

(38) Le règlement de la Banque déterminera les comptoirs à établir, leur résidence, leurs opérations et leurs relations avec l'établissement central de Paris. S'il est quelques départemens où il ne convienne pas d'établir des comptoirs, ce service pourra être fait par le receveur-général ou par une chambre de finances, dont les receveurs d'arrondissemens seront les caissiers et les agens.

(39) Chacun aura intérêt à faire au plutôt l'échange annuel des billets dont il sera porteur, et à en

2°. De recevoir des receveurs-généraux, et généralement de tous les caissiers publics, les espèces d'or et d'argent provenant de leurs recettes, et d'en créditer le Trésor royal.

3°. D'acquitter et faire acquitter, au débit du Trésor, les mandats que le Ministre des finances , ou ses agens dûment autorisés, feraient tirer sur elle.

Ces paiemens ne pourraient avoir lieu que jusqu'à la concurrence des fonds effectifs reçus et réalisés par la Banque au crédit du Trésor royal.

4°. D'assurer le service du Trésor sur tous les points par des viremens portés à son débit, et faits sur les demandes du Ministre des finances, dans la proportion de ces demandes, mais toujours dans les limites des fonds encaissés au crédit du Trésor.

Ces trois articles ne feraient qu'un seul et même compte courant, pour lequel il ne serait tenu aucun compte d'intérêt.

Le Trésor bonifierait à la Banque une commission d'un pour cent sur toutes les sommes qu'elle encaisserait au crédit du Trésor , et provenant des recettes publiques.

Il ne serait tenu aucun compte de frais à la Banque pour les opérations de viremens , sauf le remboursement à la Banque des frais de transport des espèces d'or et d'argent , quand il y aurait lieu et nécessité.

5°. D'escompter les effets de commerce (suivant les formes et avec les précautions qui seront prescrites par son règlement) , et ses propres billets; mais toujours les effets de commerce par préférence aux billets, quoique ces derniers présentassent plus d'avantages; et cela, d'après le principe de son institution, qui est de favoriser le Gouvernement et les citoyens avant tout.

L'escompte serait fixé à 4 pour 0/0 par an.

6°. De faire des avances sur dépôts de rentes, de lingots d'or ou d'argent, de diamans, et autres matières premières ou manufacturées.

Ces avances se feraient au taux de 4 p. 0/0 d'intérêt par an, et avec une commission de 1/8 p. 0/0 sur les sommes déboursées. Les frais de magasinage et autres d'usage seraient pour le compte de l'emprunteur.

7°. De faire opérer la refonte des monnaies pour le compte du Trésor, sauf à le débiter des frais de fabrication, de transport et autres, dans le compte d'anticipation, dont il va être parlé sous le N°. 9.

8°. La Banque pourrait encore recevoir et payer pour tous particuliers; elle tiendrait avec chacun d'eux un compte ouvert ; mais, dans aucun cas, elle ne pourrait payer au-delà des valeurs encaissées.

---

retirer la prime et le dividende. Il convient néanmoins de fixer pour ce remboursement un terme de rigueur , passé lequel, cette prime et ce dividende seraient acquis à la Banque. L'ordre des opérations l'exige. Ce terme devra être fixé à la fin du quatrième mois qui suivra l'expiration de chaque année.

Il ne serait tenu aucun compte d'intérêt pour ces comptes courans; mais la Banque retiendrait la commission de $\frac{1}{12}$ p. % sur la totalité des sommes encaissées.

9°. Enfin, la Banque tiendrait à la disposition du Trésor une somme de 900 millions à titre de prêt ou d'avance, et en ferait l'emploi sur les ordres du Ministre des finances, appuyés d'une délibération motivée du conseil des Ministres, signée par le président du conseil. Elle ouvrirait, à cet effet, un compte particulier au Trésor royal, pour lequel il ne serait tenu aucun compte d'intérêt.

Ce compte n'aurait aucun rapport quelconque avec le compte ouvert pour la recette et l'emploi des contributions publiques.

Ce prêt ou avance étant toujours à la disposition du Trésor, et, d'ailleurs, restreignant beaucoup les moyens de la Banque pour l'escompte (40), le Trésor payerait à la Banque, annuellement, à titre d'indemnité, et quelle que fût la situation de ce compte courant, un intérêt de 4 p. %, soit trente-six millions de francs.

Ce paiement se ferait par douzième chaque mois, et s'opérerait le dernier jour de chaque mois par un virement du compte courant du Trésor pour contributions publiques, au compte courant pour profits et pertes d'escomptes.

Enfin, pour la sureté et la garantie de cette avance, il serait livré par le Trésor royal à la Banque, un capital en rentes, valeur nominale, de 1,800 millions, qui, au cours de 50 p. %, représentent la somme de 900 millions avancée.

Cette rente ne porterait aucun intérêt : elle ne serait et ne pourrait être négociée, dans aucun cas, qu'en vertu d'une loi expresse et motivée. Ce cas arrivant, l'escompte annuel de 4 p. %, payé par le Trésor pour cette avance, cesserait à partir de trois mois après la date de cette loi.

§. IV.

De ses Bénéfices et de leur Partage.

Les bénéfices de la Banque consisteraient en :

1°. Une commission d'un p. % que le Trésor royal accorderait sur toutes les sommes reçues pour son compte, et provenant des contributions et autres recettes publiques estimées à 635,000,000 francs (*Voir page* 44), ci.   6,350,000

---

(40) La diminution des moyens de l'escompte, quant aux intéressés de la Banque, est sans inconvénient, puisque ce bénéfice leur est remplacé utilement par la prime attachée aux billets de la Banque, prime qui, elle-même, est garantie par l'intérêt fixe et annuel dont il est ici question. Elle sera également sans inconvéniens pour le commerce qui recherche et réclame la facilité de l'escompte : car, la Banque restera toujours avec plus de moyens pour l'escompte que la Banque de Paris n'en a offert, puisque son capital, de 108 millions seulement, a été employé en grande partie en achat d'inscriptions ou rentes sur l'État et en actions sur la Banque. (*Voir* les renseignemens sur la Banque actuelle, page 54.)

2°. L'intérêt de 4 p. $\frac{o}{o}$ par an que le Trésor payerait annuellement pour l'anticipation des 900 millions dont il aurait la libre disposition.　36,000,000

3°. Le produit de l'escompte des effets du commerce, réglé à 4 p. $\frac{o}{o}$ par an, et de ses propres billets, ci. . . . . 　p^r. mémoire.

4°. L'intérêt de 4 p. $\frac{o}{o}$ par an par comptes courans, et la commission de $\frac{1}{8}$ p. $\frac{o}{o}$ sur ses avances sur dépôts, ci. . . . .　p^r. mémoire.

5°. La commission de $\frac{1}{12}$ p. $\frac{o}{o}$ qui serait prélevée sur le montant des sommes encaissées pour le compte des particuliers et par comptes courans, ci. . . . .　p^r. mémoire.

Ces bénéfices se diviseraient en fonds de prime et en fonds de dividende.

Le fonds de prime s'élèverait à trente-neuf millions, montant, à 4 $\frac{1}{3}$ p. $\frac{o}{o}$ par an, de la prime attachée aux 900 millions de billets émis par la Banque.

Ce fonds se trouve rempli au-delà et assuré par la commission et l'intérêt dus par le Trésor royal chaque année, et dont la Banque se paye elle-même de ses mains sur le produit des recettes publiques.

Tous les bénéfices excédant cette somme de trente-neuf millions et le montant des frais d'administration et des pertes (s'il en arrivait par l'escompte) formeraient le fonds de dividende.

Ce fonds de dividende serait appliqué, 1°. au profit des porteurs de billets jusqu'à la concurrence de 1 $\frac{2}{3}$ p. $\frac{o}{o}$ du montant desdits billets, soit 15 millions; en sorte que le bénéfice annuel des billets pourra atteindre, mais ne pourra pas outre-passer 6 p. $\frac{o}{o}$; 2°. au profit du Trésor royal.

Dans les six premiers mois de chaque année, les comptes de l'année précédente seraient rendus, liquidés et publiés.

Le fonds de dividende de l'année expirée étant alors connu et fixé précisément, il serait réparti à raison de tant p. $\frac{o}{o}$, ou tant le franc, jusqu'à la concurrence de 1 $\frac{2}{3}$ p. $\frac{o}{o}$, entre les 900 millions de billets; et il serait payé, avec la prime des 4 $\frac{1}{3}$ p. $\frac{o}{o}$, à la fin de l'année courante, aux porteurs de billets, et pour les billets qu'ils représenteraient à l'échange (41).

Quant à la somme du fonds de dividende qui excéderait les 15 millions, soit la boni-

---

(41) Si le Ministère et le Commerce croyaient, après examen, qu'il fût plus convenable de réunir les fonds de prime et de dividende, de manière que les billets jouissent de suite et successivement, de cinq en cinq jours, de la totalité du bénéfice qui peut leur revenir, ce serait chose fort facile à combiner; et il ne faudrait pour cela que quelques légères modifications dans les parties de ce travail qui traitent de cette opération.

fication de 1 ⅔ p. ⁰⁄₀ réservée aux porteurs des billets de la Banque, elle serait versée au Trésor royal et au crédit de son compte courant pour recettes publiques : le montant en serait employé, avec les recettes publiques, aux dépenses de l'État, comme il sera dit et développé plus bas, (*voir le Budget, page 44, note c*), et comme il a été dit plus haut. (*Voir page* 16, §. 3 et 4.)

§. V.

De ses Effets ou Résultats.

Les combinaisons de cette Banque sont simples; elles se prêtent un appui mutuel, et tendent toutes au même but; la direction et la vérification en sont faciles; enfin, elles forment un systême solide et complet.

Il est solide : car,

1°. Les contributions publiques (réduites) mises à la disposition de la Banque, montant à 635 millions, et l'émission de ses billets ne s'élevant qu'à 900 millions, elle a toujours dans ses caisses, en espèces, les ⅔ du montant des billets (*voir la note* 31, *p.* 13); ce qui lui assure les moyens de les échanger ou retirer contre espèces, à présentation, à toute demande, et même dans une chance de défaveur.

2°. La Banque ne faisant aucun paiement quelconque sans avoir préalablement reçu et réalisé la valeur, elle n'est exposée à aucune perte, sauf par l'escompte des effets de commerce; ce à quoi le règlement d'administration pourvoira.

3°. Son avance de 900 millions au Trésor de l'État, la seule permise, est garantie par la concession d'une rente de l'État de 90 millions, présentant une somme en capital de 1,800 millions, valeur double de la somme avancée.

4°. La prime de 4 ⅕ p. ⁰⁄₀ l'an, attachée à ses billets, est assurée par l'intérêt de 4 p. ⁰⁄₀ l'an, dû et payé par le Trésor à la Banque sur l'avance des 900 millions, et par les commissions, l'escompte et autres rétributions qu'elle est autorisée à retenir à son profit.

5°. Tous ses bénéfices profitant et appartenant aux porteurs de ses billets d'abord, et ensuite à la nation en général, la garantie de la circulation de ses billets et de leur crédit repose sur une base immuable : l'utilité de tous, et l'intérêt personnel de chacun des preneurs individuellement.

6°. Enfin, elle est libre, indépendante, hors des attributions ministérielles (42),

---

(42) La Banque, organisée par un règlement qui sera converti en loi, dirigée par un conseil et des administrateurs responsables et comptables, comme les Ministres, aux Chambres et à la Cour des

et même à l'abri d'un acte d'autorité, par·la responsabilité directe, imminente et promptement et sévèrement punissable des Ministres, des Agens, des Administrateurs et des employés qui y auraient coopéré.

Il est complet : puisque,

1°. Il asseoit sur un fondement éternel (l'intérêt individuel) le rétablissement et le maintien de la prospérité publique.

2°. Il ravive notre agriculture et notre industrie, en les favorisant par la multiplication de signes représentatifs d'échange, et par la réduction des contributions directes.

3°. Il met dans les mains du Gouvernement les moyens de libérer la patrie des prétentions et des exigences étrangères, en les acquittant; de donner à notre armée, à nos flottes, les développemens et la consistance que la politique et l'honneur commandent; à l'administration publique, la possibilité de secourir l'indigent et le malheureux, et de les rendre utiles, en les employant à réparer nos routes, construire nos canaux, et achever nos monumens publics; de modérer la somme nominale de nos dépenses sans en réduire l'étendue, par l'acquittement, *à jours fixes*, de ses engagemens, et par les grandes économies qui en résulteront.

4°. Enfin, il est la pierre d'attente d'un crédit réel et durable pour le gouvernement (43), puisqu'il mettra le Gouvernement au-dessus de ses besoins et en mesure de payer tout ce qu'il promettra, et *au jour fixe* qu'il aura promis.

DE L'EMPLOI, PAR LE TRÉSOR ROYAL,

Du Prêt, ou Avance de neuf cents millions de francs, et des Économies qui résulteront de ce Projet.

La pensée saisit facilement toutes les conséquences générales et directes que nous indiquons résulter d'une Banque constituée sur les principes, et administrée d'après les erremens que nous avons posés. Mais les avantages que la nation peut et doit obtenir de notre plan, par le crédit de 900 millions à ouvrir au Trésor royal, présentent plus de difficultés à l'esprit et demandent plus de réflexion; d'autant que la multiplicité et l'étendue des opérations intérieures de cette immense machine sont peu connues : nous nous croyons obligés à entrer dans quelques détails à ce sujet.

L'Europe a imposé à la France une prestation militaire de 700 millions, et la lève avec une armée de 150 mille hommes, dont l'entretien à notre charge doit nous

---

Comptes, est un établissement libre, indépendant, et qui ne peut être compromis que par la prévarication.

(43) Voir le chapitre *Du Crédit*, page 31 de ce mémoire.

coûter 8oo millions. Cet ordre de choses est réglé pour cinq années, et fixe ces exigences à 3oo millions par année.

Deux années seulement sont écoulées (44), et nous avons déjà élevé nos contributions publiques à un taux immodéré, à une somme irrecouvrable ; consommé 53 millions par supplément aux cautionnemens, et fait un emprunt de 311 millions au titre onéreux de 10 p. $\frac{1}{2}$ de rentes annuelles et perpétuelles.

Il nous reste trois années à parcourir, et 885 millions à réaliser pour payer et la prestation militaire, et l'entretien des troupes qui la lèvent.

Offrons, payons à l'Europe l'or qu'elle demande, reprenons nos places fortes, et que ses troupes s'éloignent ! En anticipant ces paiemens, nous remplirons sans doute les vues et les besoins de l'étranger : nous devons donc croire que nous le ferons avec l'avantage d'un escompte ; et nous aurons sûrement celui d'être débarrassés, dès ce moment, de l'entretien, de la solde et de la nourriture de ses troupes ; car, si la politique étrangère, si les termes de l'acte du 20 novembre 1815, si nos agitations intestines ou notre désunion (la pensée seule nous navre le cœur) devaient faire prolonger l'occupation militaire, malgré l'acquittement anticipé de la somme imposée, elle ne serait plus à nos frais. Que l'équité et l'honneur en décident !.....

EMPLOI du CRÉDIT.	AINSI ;	ÉCONOMIES une fois faites et effectives.	ÉCONOMIES ANNUELLES	
			Effectives.	par réduction d'impôts ou autrement.
	1°. La cessation de la solde, de l'entretien et de l'habillement des troupes étrangères, et l'escompte de 5 p. $\frac{0}{0}$ par an sur la prestation militaire, réduiraient les 885 millions des charges étrangères, payables pour et pendant les trois années, à un paiement prompt et effectif de 388,5oo,ooo			
	Fallût-il payer une part de l'entretien de ces troupes, ayons la fierté de la payer, et la portant à $\frac{1}{4}$, ci (45).................. 116,25o,ooo			
5o4,75o,ooo	nous aurons à payer un total de 5o4,75o,ooo			
5o4,75o,ooo	...........*A reporter ci-après*...........	»	»	»

(44) Du 1er. décembre 1815 au 1er. décembre 1817, dont les fonds sont faits par le budget de 1817. (*Convention militaire du 20 novembre 1815, art. 4.*)

(45) Par l'acte du 20 novembre 1815, art. 5, on a prévu le cas possible de la cessation de l'occupation militaire au bout de trois ans. Plus de deux années se seront écoulées au 1er. janvier 1818 ; l'ordre et la tranquillité sont rétablis dans toute la France ; la force du Gouvernement est éprouvée. Si donc nous

EMPLOI du CRÉDIT.		ÉCONOMIES une fois faites et effectives.	ÉCONOMIES ANNUELLES	
			Effectives.	Par réduction d'impôts ou autrement.
5o4,75o,000	.... *Reports* 5o4,75o,000	»	»	».
	lesquels nous libérant d'autant sur la somme de nos engage-mens, montant à 885,000,000			
	nous donneront une économie de 380,250,000	380,250,000	»	»
	2°. D'après les articles 17 et 18 de la convention du 20 novembre 1815, les intérêts des capitaux des créances étrangères sont payables en numéraire, et le Ministre des finances a demandé, par le budget pour 1817 (pages 139 et 143), un fonds de.... 27,000,000 dont, imputé sur les fonds faits pour 1817 6,000,000			
21,000,000	il reste à payer pour solder cet article 21,000,000	»	»	»
	3°. Il existe des obligations royales, créées par la loi du 23 septembre 1814, et portant intérêt, pour............... 14,074,000			
525,750,000	............*A reporter ci-après*............	380,250,000	»	»

‑oignons à ces considérations celle que la prestation militaire sera anticipée, et qu'elle sera payée de ‑uite, et en totalité, nous ne devons pas douter que cette mesure, calculée sur l'intérêt des deux parties, ‑era exécutée sans indemnités et sans charges pour nous. Cependant la question est toute politique et ‑ors de notre ressort. Ce n'est donc pas dans la crainte ni dans la présomption d'aucune difficulté, que ‑nous avons prévu le cas possible d'une dépense extraordinaire, ni sur aucune donnée quelconque, que nous avons parlé de cette dépense, et que nous y avons fixé un prix; mais seulement pour mettre notre plan et nos calculs à l'abri de toute atteinte, même des chances les moins probables. En effet, cette chance, quoique prévue, est d'autant moins probable, que, dès la seconde année (en 1817), il y a eu une réduction de 30,000 hommes, soit d'un cinquième, dans le nombre des troupes étrangères stationnées en France et à sa charge. (*Moniteur*, 13 février 1817, page 169.)

EMPLOI du CRÉDIT.		ÉCONOMIES une fois faites et effectives.	ÉCONOMIES ANNUELLES	
			Effectives.	Par réduction d'impôts ou autrement.
525,750,000	..........Reports............ 14,074,000	380,250,000	»	»
	Plus, pour intérêts attachés auxdites.................... 1,525,000			
	Total, suivant le budget pour 1817 (pages 139 et 143) ; ci.. 15,599,000 dont, imputé sur les fonds faits pour 1817.................... 4,865,000			
10,734,000	il reste à payer pour solder cet article.................... 10,734,000	»	»	».
	4°. Le trésor a un passif de caisse auquel il fait face par des effets de circulation , portant un intérêt de 6 p. ° par an , et sans cesse renouvelés (46) ; ci........ 129,585,495 72 dont il faut déduire les fonds faits par un premier à-compte sur le budget de 1817 , ci........23,000,000 » et la portion afférente aux ans 1814 et antér. , et 1815;laquelle se trouvera couverte par le paiement, en numéraire , de l'arriéré de ces années , dont il sera parlé ci-après à l'article 6; ci..24,859,542 72 } 47,859,542 72			
81,725,953	Il reste à payer pour solder cet article............ 81,725,953 »	»	»	»
618,209,953	..........A reporter ci-après.............	380,250,000	»	»

(46) *Voir* le budget pour 1817 , pages 74 , 139 , 140 et 141.

EMPLOI du CRÉDIT.		ÉCONOMIES une fois faites et effectives.	ÉCONOMIES ANNUELLES	
			Effectives.	Par réduction d'impôts ou autrement.
618,209,953	............Reports............	380,250,000	»	»

Ce remboursement ferait cesser l'intérêt de 6 p. $\frac{0}{0}$ par an attaché à ces effets, et procurerait une économie annuelle de............ — | » | 4,903,557 | »

5°. Sur les crédits ouverts pour la dette publique des années 1814 et antérieures, il restait à payer en numéraire.... 20,815,126 71
sur lesquels il en est dû aux étrangers, et qui seront l'objet d'une compensation, pour.. 11,815,126 71

Il reste à en payer pour .... 9,000,000 »
dont, imputé sur les fonds faits pour 1817............ 4,000,000 »

il reste à payer, pour solder cet article............ 5,000,000 »
lesquels donnent par la cessation de l'intérêt de 5 p. $\frac{0}{0}$ par an, un bénéfice de (*Voir* le budget de 1817, pages 80, 109, 139, 143).. — 5,000,000 (left) | » | 250,000 | »

6°. La loi du 25 mars 1817 a admis le paiement des arriérés ou déficits des budgets de 1814 (9 derniers mois), 1815 et 1816 (portés au projet de budget de 1817 (page 139), pour 83,051,150 fr.), seulement pour...................... 83,050,859
Savoir : budget des neuf derniers mois de 1814, ci. 8,238,000
Budget de 1815. 51,287,000
Budget de 1816. 23,525,859
Cette somme étant imputée sur les fonds du budget pour 1817 se trouve.............. *soldée.* — | » | » | »

Nota. Ce paiement couvre le passif de caisse de ces années, montant à 24,859,542 fr. 72 c., et dont il a été parlé ci-dessus à l'article 4°.

| 623,209,953 | ....*A reporter ci-après*............ | 380,250,000 | 5,153,557 | » |

EMPLOI du CRÉDIT.		ÉCONOMIES une fois faites et effectives.	ÉCONOMIES ANNUELLES	
			Effectives.	Par réduction d'impôts ou autrement.
623,209,953	............Reports.............	380,250,000	5,153,557	»
»	7°. Les frais de négociation portés au budget de 1817 (pages 139 et 143), pour cette année et les années 1818 , 1819 et 1820, à 15 millions chaque année , et à 10 millions pour les années suivantes , sont réduits de suite (c'est à dire à partir de 1818 inclus) à 6,350,000 fr. par an , montant de la commission de 1 p. ⁰⁄₀ allouée à la Banque royale-nationale de France , pour les encaissemens des contributions publiques et viremens de fonds. (*Voir* page 17 de ce Mémoire).....	15,000,000	3,650,000	»
	Nota. Les 15 millions pour 1817 sont imputés sur les fonds de 1817.			
	8°. Les fonds de dégrèvement et de non-valeurs sont portés au budget de 1817 pour 9,902,082 fr. (y compris 1,991,746 fr. d'extraordinaire pour 1817) ; ce qui réduit cette dépense à la somme permanente de 7,910,336 f. Cette somme a dû être réduite dans la proportion de la réduction des contributions directes: nous l'avons maintenue et fixée à 6,000,000 f. ; ce qui donne une économie annuelle de.....	»	1,910,336	»
	9°. Le service du Trésor étant assuré partout par la Banque royale-nationale de France, il en résulte pour l'État : 1°. La suppression des frais de négociations de fonds , dont il vient d'être parlé ci dessus , art. 7..................... p.r. *Mémoire*. 2°. La suppression de la caisse de service , dont les appointemens seuls des employés s'élèvent à 312,368 fr. (*Voir* le compte rendu			
623,209,953	..........*A reporter ci-après*............	395,250,000	10,713,893	»

EMPLOI du CRÉDIT.		ÉCONOMIES une fois faites et effectives.	ÉCONOMIES ANNUELLES	
			Effectives.	Par réduction d'impôts ou autrement.
623,209,953	............Reports...............	395,250,000	10,713,893	»
	du Trésor pour 1807 , page 88) , ci........................... 370,000			
	3°. La suppression des caisses intérieures du Trésor, ou au moins leur réduction à une seule ; ce qui, avec la suppression des rouages trop multipliés et embarrassans de l'administration du Trésor, assure une diminution dans la dépense , au moins de................. 1,630,000			
	4°. La suppression des payeurs des divisions militaires et des départemens , dont les appointemens et frais de service s'élèvent à plus de (47)..................... 1,000,000			
	5°. Une réduction dans les remises graduelles (système inconcevable !) des receveurs – généraux (48)..................... p^r. mémoire.			
	Ce qui donne ensemble une économie certaine et annuelle de 3,000,000		3,000,000	»
3,648,360	10°. La suppression des caissiers intérieurs et des payeurs extérieurs du Trésor et le remboursement de leur cautionnement (49) en-			
626,858,313	..........A reporter ci-après...........	395,250,000	13,713,893	»

(47-48) Les payeurs peuvent et doivent être remplacés par les receveurs–généraux , qui ont la facilité de faire payer partout par les receveurs d'arrondissemens et les percepteurs , et qui tiendront une comptabilité séparée pour le dépenses.

Les receveurs-généraux peuvent et doivent aussi être supprimés, et remplacés par les receveurs d'arrondissemens. Leurs taxations et remises doivent être limitées et différemment combinées. Ces détails feron partie du travail qui sera la matière de notre second cahier. (*Voir* note 6 , page 3.)

(49) Pour les caissiers, 200,000 fr. (*arrêté du 7 thermidor an 8 , — 26 juillet 1800*) ; pour les payeurs, 3,448,360 fr. (*loi du 28 avril 1816* , n°. 623 , *Bulletin* 81 , pages 512 , 538 , 539 , 540 et 541.)

EMPLOI du CRÉDIT.		ÉCONOMIES une fois faites et effectives.	ÉCONOMIES ANNUELLES	
			Effectives.	Par réduction d'impôts ou autrement.
626,858,313	. . . . *Reports*.	395,250,000	13,713,893	»
	traînent la cessation du paiement des intérêts des cautionnemens ; ce qui , à 4 p. % par an , donne une économie annuelle de	»	145,934	»

. . . .

11°. Suivant le budget présenté pour 1817 (pages 140 , 141 et 143) , l'arriéré général est évalué à une somme de 400 millions, pour les intérêts desquels (du 5 mai 1816 au 31 décembre 1818) , le Ministre demande 53,300,000

dont à déduire pour fonds faits sur 1817 14,623,355

D°. pour les intérêts de 1818 , compris dans la dette perpétuelle (*voir* pages 45 et 48, note *A*) , ci 20,000,000

} 34,623,355

| 18,676,645 | Il reste à payer pour solder cet article . . . . 18,676,645 | » | » | » |

. . . .

12° Le budget pour 1817, présenté par le Ministre des finances , a été réduit par la loi des finances du 25 mars 1817 ; et cependant , avant ces réductions , le Ministre proposait , comme indispensable pour suffire aux besoins des années 1818 , 1819 et 1820 , la création de rentes de l'État ; savoir :

En 1818 , pour 21,800,000

En 1819 . pour 21,100,000

En 1820 . pour 22,900,000

TOTAL 65,800,000

Dans notre projet , ces rentes

| 645,534,958 | . . . . *A reporter ci-après* . . . . | 395,250,000 | 13,859,827 | » |

EMPLOI. du CRÉDIT.		ÉCONOMIES une fois faites et effectives.	ÉCONOMIES ANNUELLES	
			Effectives.	Par réduction d'impôts ou autrement.
645,534,958	. . . . *Reports* 65,800,000	395,250,000	13,859,827	»
	doivent être remplacées par l'avance de 900 millions, qui coûtera au Trésor, à raison de 4 p. $\frac{0}{0}$ par an (*Voir* page 17), ci 36,000,000			
»	Il en résultera pour le Trésor une économie annuelle de 29,800,000	»	»	pour Mémoire.
»	13°. Les contributions proposées par le Ministre des finances pour faire face aux dépenses des années 1818, 1819 et 1820 (non compris les créations de rentes susdites (*voir* le budget pour 1817, page 142,) s'élèvent, pour chaque année, à 760,504,000 fr. En admettant que les Chambres les réduisissent, et en prenant pour base la fixation législative de 1817, qui est de 757,608,667 fr., on aura, pour les trois années, une somme totale de . . . . 2,272,826,001 Par notre système, nous rendons possible la réduction des contributions publiques, dès et y compris l'année 1818, à 635 millions (*voir* page 44), qui donnent pour les trois années 1,905,000,000			
»	Il en résulte une réduction d'impôts de 367,826,001	367,826,001	»	»
	14°. Par le même projet (page 142), le Ministre propose pour 1821, époque à laquelle les charges de guerre doivent avoir cessé et le territoire être évacué, la même			
645,534,958	. . . . *A reporter ci-après*	763,076,001	13,859,827	»

EMPLOI du CRÉDIT.		ÉCONOMIES une fois faites et effectives.	ÉCONOMIES ANNUELLES	
			Effectives.	Par réduction d'impôts ou autrement.
645,534,958	.............Reports..............	763,076,001	13,859,827	»
	somme d'impôts, ci.......... 760,504,000			
	mais avec la remarque que cette somme d'impôts, comparée aux dépenses indiquées (page 143) pour ladite année 1821, donnerait un excédant en recette de 38,732,000			
	Les contributions publiques doivent donc être maintenues, même après l'acquittement des exigences étrangères, pour une somme de 721,772,000			
	Notre système les fixe et limite à (page 44)............ 635,000,000			
	Il en résulte donc une économie annuelle de.......... 86,772,000	»	»	86,772,000
645,534,958	.............TOTAUX..............	763,076,001	13,859,827	86,772,000

Le crédit accordé par la Banque à l'État (*voir page* 17) est de. . . .   900,000,000 f.

Le tableau qui précède en indique l'emploi pour.   645,534,958

Il reste un fonds libre de.   254,465,042

Sur lequel appliquant un fonds extraordinaire à la guerre, à la marine et à l'intérieur, pour la recomposition de notre matériel de guerre, l'armement de nos places fortes, le développement de notre marine, la réparation de nos routes, et l'achèvement de nos monumens (*voir page* 50, *note F.*) de.   50,000,000

il restera un fonds libre seulement de.   204,465,042

Mais d'après la combinaison de notre projet de budget (*page* 44, *note c*), dont l'objet et le but ont été la réduction des impôts, il y a à pourvoir sur ce fonds, pour l'année 1818, aux recettes casuelles et successives qui doivent et ne peuvent se réaliser que par l'application de notre

A reporter ci-après. . .   204,465,042

De l'autre part 2o4,465,o4a

système , et d'une année pour l'autre ; ci. 36,ooo,ooo

Le fonds libre et effectif à la disposition du Trésor sera ainsi réduit
et fixé à. 168,465,o4a
Sur laquelle il y aura encore à réserver pour les frais de la refonte
des monnaies (5o). . . . . p^r. Mémoire.

Ce qui réduira définitivement le fonds libre à. . . . . » »

Cette somme libre et réalisée dans les caisses du Trésor royal donnera une grande
latitude et une indépendance utile à ses opérations, lui permettra d'attendre avec
tranquillité et sans frais l'encaissement des contributions publiques, de couper court
aux frais de négociations anticipées , de simplifier son mécanisme , de retirer et
éteindre, à volonté, tous ses effets en circulation, et de payer ses engagemens *à jours
fixes*.

Il ne faut que lire avec attention ce tableau qui décompose toutes les opérations
intérieures du Trésor royal et indique la situation particulière de chacune d'elles,
pour comprendre et reconnaître qu'avec raison nous attendons de notre projet les
avantages que nous avons retracés plus haut (*page* 2o), et le retour de la prospérité et de la confiance publiques.

Ces avantages réduits en faits, et démontrés par des calculs rigoureux et incontes-
tables, (comme doit l'être l'exactitude du compte-rendu des finances en 1816, d'après
lequel nous avons raisonné) sont : un escompte ou bénéfice de 3g5,25o,ooo francs, par
le prompt paiement des charges de guerre (51); une diminution de 367,826,oo1 fr.,
sur les contributions publiques des trois plus prochaines années ; une réduction
annuelle de 86,772,ooo fr. sur les impôts, à partir de 1821 ; le remplacement de
65,8oo,ooo fr. de rentes à créer à 10 p. $\frac{o}{o}$, par 36 millions d'intérêts payables par le
Trésor à la Banque, à 4 p. $\frac{o}{o}$; la conservation de 15o mille hectares de bois nationaux,
soit de leur capital, si on juge utile de les vendre , (*voir note J, page* 5a); une économie annuelle de 13,85g,827 fr. sur les dépenses seules de la manutention des
finances ; la conservation de toutes et l'augmentation de plusieurs des dépenses auto-
risées pour 1817 ; un secours extraordinaire et prompt de 5o millions pour notre

---

(5o) *Voir* page 16, art. 7 , et le chapitre de *la Division et Fabrication des Nouvelles Monnaies* , page 3g.)

(51) Cette somme peut être augmentée de tout ce qui ne sera pas payé sur les 116,25o,ooo francs que
nous avons porté en dépense par prévoyance et à titre seul de précaution ; elle peut être aussi diminuée
de tout ce que les circonstances du moment et les arrangemens politiques pourraient mettre à la charge
de la France , en sus desdits 116,25o,ooo fr. (*Voir page* 21 , art. 1er.)

armée, nos flottes, nos routes et nos monumens; enfin, une avance réelle, effective
et libre, de 168,465,042 fr. pour le service des caisses de l'État.

Après avoir réuni et présenté dans un cadre tant et de si considérables opérations
qui excèdent de beaucoup nos ressources réelles, ou qui sont, tout au moins, exé-
cutées par avance sur l'encaissement présumé de ces ressources, au moyen de l'émission,
de la circulation et du renouvellement d'effets de crédit, dits effets publics, ce n'est,
pour ainsi dire, pas sortir de notre sujet que de parler du *crédit*.

Si, comme tous ceux qui ont écrit sur les finances, nous n'avons pu éviter de ren-
contrer ce mot énigmatique ni d'en parler, au moins aurons-nous l'attention d'être
courts. Nos idées seront peut-être jugées paradoxales : nous les croyons justes et vraies;
nous allons les exposer avec franchise.

DU CRÉDIT.

Depuis trois ans on fait des livres et on parle partout sur le *crédit-public*. Souvent
les auteurs et les interlocuteurs n'ont pas été compris; quelquefois ils ne se sont
pas compris eux-mêmes. Définissons les mots, et voyons ce qu'est le *crédit*, et s'il y
a un *crédit-public*.

En affaires de commerce, de banque et d'intérêts en général, le mot *crédit* signifie
et exprime la faculté qu'un individu a de disposer, sur sa parole ou sur sa signature,
de la fortune et du travail de plusieurs; en d'autres termes, il signifie et exprime la
confiance qui fait que plusieurs mettent leur fortune et leurs bras à la disposition d'un
individu, sur sa parole ou sur sa signature, et sans aucune garantie effective.

On obtient du *crédit*, c'est-à-dire, la confiance d'autrui et la faculté de disposer de
sa fortune, soit par sa propre fortune, soit par la manière dont on la régit, soit
par la régularité dans sa conduite privée, soit par des preuves de son habileté à
gouverner les affaires.

Le *crédit* n'existant que par la confiance de plusieurs envers un, et n'étant que
cette confiance même, il est, par sa nature, inquiet, soupçonneux, d'une délicatesse
et d'une susceptibilité extrêmes.

Les effets du *crédit* sont, pour celui qui l'accorde, de lui procurer des ressources,
ou une aisance, ou un grand profit par le prix d'un travail personnel, ou par le fruit
d'une matière quelconque, dont il ne sait ou il ne peut tirer lui-même aucun parti :
pour celui qui l'obtient, la facilité d'étendre et de multiplier ses opérations; l'avantage
de les faire avec économie et indépendance; une réputation qui s'étend et se multiplie
comme elles et par elles; et, par la réunion de ces moyens, des bénéfices qui créent
et expliquent ces nombreuses et considérables fortunes qui ne se forment que dans
la classe commerçante.

Ainsi, le crédit naît de l'amour du gain et des besoins de l'homme; les succès l'entretiennent; mais rien ne peut le fixer que la fidélité et une ponctualité rigoureuse dans les engagemens. En vain vous serez riche, probe ou habile; votre *crédit* s'évanouira à la première et la plus légère inexactitude.

Il suit de cette définition que le crédit n'est ni un système, ni un mécanisme, ni un ordre de choses que l'on puisse créer, organiser et gouverner à volonté; que le mot *crédit-public* est un mot vide de sens et d'idées, ou qu'il exprime la faculté qu'a le Gouvernement de disposer, sans aucune garantie effective, de la fortune et du travail des citoyens.

Or, le Gouvernement, dans ses rapports et ses relations avec les particuliers, n'étant et ne pouvant être considéré que comme un simple particulier qui traite librement, volontairement et sous des lois communes aux deux parties, il en découle ces conséquences :

Qu'il n'y a point de *crédit-public* proprement dit;

Que l'État, ainsi personnifié, pourra se faire un *crédit,* comme M^r. A, M^r. B, la maison C., l'entreprise D;

Que ce crédit fuira l'autorité des Ministres et l'arbitraire des commis;

Qu'il se formera, s'étendra et se soutiendra, quand les engagemens seront acquittés *à jours fixes;* quand les lois seront respectées et non tronquées ou annullées par des circulaires et des décisions ministérielles; quand ses traités, comme ceux entre particuliers, seront attaquables et pourront être jugés et condamnés devant les mêmes tribunaux, par les mêmes voies et d'après les mêmes lois; quand les Ministres et leurs agens pourront être poursuivis personnellement; et quand leur responsabilité individuelle sera réelle, pourra être atteinte facilement et sera explicitement déterminée (52).

Ce *crédit,* ou cette confiance individuelle de chaque citoyen dans les engagemens de l'État, tout privé et tout individuel qu'il est, produit à l'État des résultats d'une utilité générale ou publique, puisque le Gouvernement qui obtient, comme particulier, comme individu, la confiance de chacun, en jouit pour et au profit de l'État. C'est sans doute en pensant à ces résultats, ou pour exprimer cette idée, qu'on a inventé le mot *crédit-public,* et qu'on va l'employant dans tous les livres, tous les discours et toutes les conversations. C'est prendre la conséquence pour le fait; c'est une erreur; il nous a paru important de le démontrer.

C'est une autre erreur que de chercher dans l'esprit national la source d'un prétendu *crédit-public.*

---

(52) Nous développerons notre idée dans notre second cahier (voir note 6, page 3); mais nous expliquons ici que notre pensée est de ne parler de la responsabilité réelle et personnelle des ministres et de leurs agens et employés qu'en ce qui concerne l'exécution ou l'inexécution des traités et engagemens qu'ils contractent avec les particuliers.

L'esprit national porte les citoyens à donner une partie de leur fortune au Gouvernement, à livrer et augmenter ce don avec d'autant plus de dévouement et d'autant moins d'examen que les circonstances dans lesquelles l'État peut se trouver deviennent critiques. Cette portion de fortune, offerte ou imposée, forme les contributions publiques, les secours extraordinaires donnés par la nation en masse : elle est toujours déterminée ou régularisée par des lois.

Le *crédit*, ou la confiance des citoyens dans le Gouvernement, met à sa disposition, momentanément, à titre de prêt ou d'échange, et avec condition de remboursement stipulé, la fortune, l'industrie, l'existence civile de ceux qui traitent avec lui.

L'un est un devoir que chaque citoyen remplit avec plus ou moins de bonne volonté et d'ardeur, un sacrifice auquel il se soumet avec plus ou moins de résignation, suivant que les institutions politiques et la législation de son pays le lui rendent cher, ou que son Gouvernement possède et mérite son affection.

L'autre est un acte, un traité individuel, une opération commerciale qu'aucun sentiment, aucun devoir ne commande, qu'aucune loi ne peut ordonner, et auquel chacun n'est porté à se livrer et ne doit se livrer qu'en raison de l'intérêt et de la sureté qu'il y trouve.

L'esprit national et le *crédit* n'ont donc aucune analogie entre eux, et l'un ne procède nullement de l'autre.

Aussi, en France, la violation déhontée des engagemens publics, les consolidations, liquidations, inscriptions à terme, les annihilations ont isolé (en ce qui concerne les opérations d'intérèts) le Gouvernement d'avec la nation ; et le Français, comme individu, a redouté et fui les engagemens et les promesses pour l'acquittement desquels on lui demandait et il versait, comme citoyen, l'argent à pleines mains.

Aussi, nous croyons dire une chose exacte et vraie, en disant que tout l'esprit national, justement mais aveuglément prôné, des habitans d'une île voisine, ne soutiendrait pas le *crédit* de leur Gouvernement, et ne laisserait à sa disposition ni la confiance ni les capitaux individuels, si ce n'était la sincérité éprouvée et soutenue dans les engagemens, et une ponctualité rigide dans leur acquittement.

Mais l'exécution loyale et l'acquittement *à jours fixes* des engagemens pris par le Gouvernement envers les particuliers, peuvent et doivent donner un grand essor à l'esprit national.

En effet, le gouvernement lève et reçoit des contributions publiques pour payer des dépenses générales et nécessaires à la sureté et à l'embellissement du royaume, à son administration, à la prospérité et à la salubrité des citoyens. Tous les arts, toutes les sortes d'industries, les matières premières de toute nature, en même temps et partout, sont employés et mis en mouvement par lui : il est, à la fois, le plus riche propriétaire et le plus grand consommateur.

Si une promesse faite par un Ministre, si un traité ou un engagement signé par un agent légal sont exécutés littéralement ; si une ordonnance, un mandat de paiement sont expédiés sans lenteur, acquittés sans ajournement et sans ces formalités inventées pour perdre du temps et nourrir des commis (53) ; l'administrateur, le fonctionnaire pour leur entretien, l'employé, le rentier pour leur subsistance, l'entrepreneur pour ses travaux, le fabricant pour le salaire de ses ouvriers et l'achat de ses matières, le fournisseur pour l'achat de ses denrées, trouveront *crédit* sur leurs commissions ou brevets, sur leurs immatricules de rentes ou pensions, sur leurs traités et sur leurs marchés. Sur ces preuves d'un service public, sur cette garantie inviolable, le banquier, le négociant ouvriront leurs caisses et leurs magasins ; l'agriculteur ouvrira ses greniers ; l'artisan, l'homme de peine offriront leurs industries et leurs fatigues ; et les intérêts de toutes les classes de citoyens, les intérêts de tous les citoyens viendront se lier, se fondre avec l'intérêt général, celui du Gouvernement.

---

(53) Nous en parlerons avec détail dans notre second cahier (*voir* note 6, page 3) ; mais nous justifierons ici notre opinion par un exemple : la loi du 7 ventôse an 8 (26 février 1800), article 7, dit qu'en cas de cessation de fonctions, le cautionnement des notaires sera remboursé par la caisse d'amortissement. Un notaire meurt. On réclame le remboursement de son cautionnement, et le 15 juin 1816, on dépose à la caisse d'amortissement les pièces prescrites par les instructions, pour opérer ce remboursement. Juin, juillet et août s'écoulent, et le remboursement ne se fait point. Le 21 août, on écrit à monsieur l'administrateur chargé des cautionnemens ; point de réponse : c'est l'usage. Le 7 ou 8 octobre, on est averti qu'on peut se présenter au Trésor, pour être payé du 12 au 15 octobre. On se présente au Trésor le 14 octobre pour recevoir ; mais on ne reçoit point, parce qu'on ne remet point la procuration ; (procuration qu'on ne peut remettre, puisque la caisse d'amortissement, pour liquider, l'avait exigée et gardée.) On réclame et on retire cette procuration, et l'on se présente de nouveau au Trésor, le 18 octobre, pour toucher. Un employé vous délivre un mandat de paiement, et prend votre quittance ou émargement. — 2ᵉ. bureau : un garçon de bureau timbre ce mandat ; un commis l'enregistre. — 3ᵉ. bureau : un employé supérieur le signe. — 4ᵉ. bureau : un autre employé le contrôle, un commis l'enregistre. — 5ᵉ. bureau ; on passe à la caisse, et deux commis le coptent, le numérotent et l'enregistrent. — 6ᵉ. bureau : un employé comptable retire votre mandat et vous donne en échange un mandat sur la caisse de service, non signé, et à six mois de date. — 7ᵉ. bureau : un commis enregistre votre mandat ou billet, en indique la somme, la date et le numéro, sur un carré de papier sans signature, sans caractère aucun, garde votre mandat ou billet qui fait votre titre, vous donne ce chiffon, et vous renvoie à trois jours pour retirer et reprendre le billet signé de M. le caissier de la caisse de service. Ainsi, pour être remboursé d'un cautionnement sur et après remise des pièces, il faut attendre quatre mois sans réponse, sans avis, sans explication ; car les commis qui, à l'instruction près, ont remplacé les moines, comme eux parlent peu, ne se dérangent pas du tout, et vous comptent pour rien ; et pour être payé d'une ordonnance attendue quatre mois, il faut passer par 7 bureaux, 11 personnes, employer deux matinées, et rester trois jours sans titre aucun ; (nous ne parlons pas de l'échéance à six mois, car fût-elle à 9, à 12 mois, elle serait bien, si elle est payée à vue et à caisse ouverte ; mais nous parlons, et l'on ne peut trop parler des formes, des lenteurs qui entravent les affaires, embarrassent l'administration, discréditent l'État et, nous le répétons, n'ont d'autre effet que de perdre du temps et nourrir des commis.)

Quand les choses sont arrangées de manière qu'un banquier, porteur d'ordonnances pour cent mille écus qui seraient payables à jour indiqué, ne serait pas certain de pouvoir accepter et payer mille francs avec cette somme, on n'a pas besoin de savoir ni de s'informer comment on fait à Londres, à Amsterdam, à Hambourg ; il ne faut que du sens commun pour comprendre que l'on peut faire mieux.

Alors le Gouvernement se soustraira à la dure et embarrassante condition de payer, pour ainsi dire, jour par jour, l'administrateur, le fonctionnaire qu'il emploie, les ouvriers qu'il salarie, les denrées, marchandises et matières qu'il achète et consomme.

Alors un engagement, un effet de circulation à plusieurs mois d'échéance équivaudra à un paiement effectif. Le Gouvernement aura le temps de recueillir et disposer les recettes destinées à acquitter cet effet, et il sera soulagé de l'anxiété dans laquelle il est tenu, des charges auxquelles il est soumis par l'obligation où il est de faire face chaque jour, chaque matin, à une somme de dépenses considérables qui se renouvellent sans cesse, inévitablement et complétement; quand la somme de recettes qui doit les éteindre est souvent et presque chaque jour retardée, paralysée, réduite et rendue incomplète par les circonstances sans nombre qui naissent et de l'excès des taxes, et de la misère publique, et de la complication du mode d'administration des finances.

Alors les hommes riches, les hommes d'une réputation honorable, les propriétaires, les capitalistes, le commerce viendront participer aux avantages de ces services, et fournir immédiatement aux besoins du Gouvernement qui obtiendra de ce concours de soumissionnaires accrédités, et une économie dans ses dépenses, et une latitude plus grande, plus commode pour ses paiemens.

Alors, aussi, la nation, familiarisée avec les opérations du Gouvernement, enrichie par les bénéfices qu'elle en retirera, entraînée, par l'habitude, à confondre ses intérêts privés avec les intérêts de son Gouvernement, convaincue par son expérience de l'exécution sacramentelle de ses promesses, alors, disons-nous, les Français pourront et voudront venir au secours de leur Gouvernement, remplir les emprunts qui leur seront demandés et dont les fonds doivent leur revenir par l'acquittement exact et religieux de leurs traités individuels; et les effets certains de cette fusion d'intérêts seront une plus grande énergie dans l'esprit national, de plus grands moyens mis à la disposition de l'État pour soutenir sa dignité et son indépendance.

Tel sera l'ordre des choses, mais seulement après la restauration de la foi publique; et jusqu'alors cet ordre tant désiré ne sera que le rêve des hommes de bien.

Nous posons donc comme des vérités,

Que le *crédit* ni ne s'organise, ni ne peut s'exiger; qu'il est volontaire, libre et indépendant.

Que le Gouvernement a à sa disposition tous les élémens d'un immense *crédit*; mais qu'il ne pourra l'obtenir et le fixer que par l'exécution littérale et l'acquittement ponctuel de ses engagemens.

Que le *crédit*, liant la fortune de tous les citoyens à celle de l'État, a pour effets d'assurer, de multiplier les ressources de l'État, et de retremper l'esprit national.

Que tout doit être sacrifié à l'acquittement, *à jours fixes*, des engagemens promis.

Qu'il faut punir avec rigueur et inexorablement tout agent, tout fonctionnaire qui, par un acte quelconque, aura offensé la foi publique; principe immuable et trop méconnu de la vie et de la force de l'État.

Nous livrons ce sujet important à la réflexion et aux méditations des hommes d'état.

RÉSUMÉ.

Éteindre nos charges énormes de guerre sans créer de nouvelles dettes; procurer à l'État des ressources réelles et suffisantes pour faire face aux dépenses immenses de toute sorte que sa sureté et nos malheurs lui imposent, et cependant modérer les contributions publiques au lieu de les augmenter; trouver des moyens efficaces pour faire cesser l'exportation du numéraire et le réattirer en France : telles sont les difficultés qui environnent nos finances et occupent les veilles des hommes d'état; tel est le problême que tant de citoyens éclairés et animés de l'amour du bien public ont essayé, et que nous essayons à notre tour de résoudre.

Long-temps nous avons été combattus dans ce dessein par l'importance du sujet, par le tableau imposant qu'ont présenté à nos esprits et l'habile travail du Ministre, et la a vante et profonde discussion des Chambres; mais enfin, il est vrai qu'aucun de ces résultats n'a été atteint par le budget arrêté pour 1817; et puisque nos besoins et nos malheurs sont toujours les mêmes; puisque l'augmentation de l'impôt, la création d'emprunts dévorans pèsent toujours sur la nation; puisque ces emprunts ne rempli sent le trésor de l'État qu'autant qu'il faut pour sa sustentation journalière, ne secourent ni la nation ni le Gouvernement, et ont, au contraire, la conséquence déplorable de fixer pour des années indéfinies la somme de nos impôts au taux irrecouvrable auquel ils se trouvent portés; prévoyant les suites accablantes d'un état de choses aussi désolant et aussi critique, enhardis par la conviction que nous avons de la solidité, des avantages soudains de notre plan, et de la facilité de son exécution, nous osons risquer d'émettre des idées qui ne sont pas neuves, mais que nous n'avons vues nulle part combinées ni appropriées à notre situation et à nos besoins.

Nous avons écarté de notre travail toute théorie : en matière de finances, elles sont toujours brillantes, souvent spécieuses, mais presque toujours ou inexécutables ou infructueuses.

Nos maux sont réels; ils sont de tous les jours; ils frappent sur tous : il fallait, il faut des secours réels, prompts et généraux.

Ces secours sont et ne peuvent être que la diminution des impôts, la réduction de nos charges de guerre par l'anticipation de leur paiement.

On ne peut les obtenir que par la multiplication du numéraire et la création d'un signe représentatif d'échange.

C'est la combinaison de ce signe avec les besoins et les charges de l'Etat, son choix, sa garantie, en un mot, les moyens de le faire désirer autant qu'on affecte de le craindre, qui ont été l'objet et le but de nos veilles.

Le tableau joint à ce précis, (n°. 2, pages 44 et 45), les détails dans lesquels nous sommes entrés, et que nous nous sommes appliqués à mettre à la portée de tout le monde, nous dispensent de toute analyse; et nous aurons résumé et fait connaître tout notre plan, en disant que par son adoption, 1°. l'exportation du numéraire sera arrêtée et l'argent sera réattiré de l'étranger en France; 2°. que les contributions publiques élevées pour 1817 à 757,608,667 fr., annoncées, pour 1818, 1819, 1820, devoir s'élever à 760,504,000 fr., et pour les années 1821 et suivantes (après et malgré l'extinction de nos charges de guerre), à 721,772,000 fr., seront réduites, dès 1818, à 635 millions (54); 3°. que les 65,800,000 fr. de rentes à créer pour 1818, 1819, 1820, négociables à l'étranger, à un cours onéreux, et dont la négociation n'est nullement assurée, seront remplacés par 36,000,000 fr. d'intérêts qui resteront à la France, se diviseront dans toutes les classes de citoyens, et seront, à la fois, la base et le mobile du moyen qui doit procurer tous ces avantages; 4°. que les transactions de toute sorte, paralysées par le manque de numéraire, gênées par la connaissance de l'état précaire de nos finances, reprendront de la vie, donneront du pain aux uns, de l'aisance aux autres, et profiteront à l'Etat par l'accroissement des produits indirects assis sur la consommation; 5°. que 150 mille hectares de bois nationaux engagés rentreront à l'Etat; 6°. enfin, que la dette publique sera fermée.

Les Ministres, nous en avons la garantie dans leur noble caractère, ne verront dans ce projet aucune intention de critique, mais le désir de nous rendre utiles à notre pays, et d'amasser autour d'eux des idées, des matériaux dont ils peuvent mieux que personne apprécier la valeur, et faire une application convenable à la vaste machine qu'ils dirigent.

Les hommes d'état ne le liront pas comme un systême curieux, un amusement de l'esprit; ils l'étudieront, l'approfondiront, et peut-être le jugeront-ils digne de quelques observations, que nous écouterons avec déférence, et auxquelles nous nous empresserons de répondre.

Quant aux personnes inexpérimentées et peu familières aux opérations de banque ou de crédit, qui nous feraient cette objection bannale et insignifiante : « *vous créez du papier !* » nous leur répondrons : les rentes de l'Etat, les billets de la caisse de service, les annuités, les bons de la ville, les billets de loterie, les billets de banque (la Banque

---

(54) Les contributions sont réduites de 16 $\frac{1}{4}$ pour $\frac{0}{0}$, dont 12 $\frac{1}{2}$ en contributions directes, et 3 $\frac{3}{4}$ en contributions indirectes. La contribution foncière est réduite de 22 $\frac{1}{2}$ pour $\frac{0}{0}$; la personnelle et mobilière de 35 $\frac{1}{2}$ pour $\frac{0}{0}$; les portes et fenêtres de 54 pour $\frac{0}{0}$; les patentes de 16 $\frac{2}{3}$ pour $\frac{0}{0}$. (Ces indications de réductions sont faites approximativement, et portent sur le principal et les centimes additionnels.)

actuelle), les lettres de change sont du papier ; et sans papier ou sans effets de *crédit ;* (pour nous servir d'un mot plus relevé et plus exact), vous n'auriez ni ces palais somptueux qui flattent votre orgueil, ni ces étoffes brillantes et moelleuses dont vous vous parez avec volupté, ni ces produits exotiques dont vos sens sont si avides, ni ces plantes salutaires à qui vous devez souvent une nouvelle vie, ni ces commodités, ce luxe qui vous rendent l'existence si douce, et vous élèvent au-dessus de tant d'autres nations : car ces jouissances, vous les devez aux arts, aux manufactures et à l'industrie ; les arts, les manufactures et l'industrie n'existent, ne se perfectionnent que par le commerce ; et le commerce n'existerait pas sans *crédit* ou signe représentatif des choses (55).

Nous dirons aux personnes timides, incertaines : vous balancez ! vous cherchez, vous demandez des exemples ! même, vous nous en opposerez ! Eh bien ! puisqu'il faut toujours, et en tout, parler de l'Angleterre, vous avez connu ses craintes, ses dangers, les grands efforts qu'elle a dû faire et soutenir pendant vingt ans pour se défendre ; ces dangers, elle les a surmontés ; ces efforts, elle les a soutenus par le *crédit* ou ses billets de banque (ce qui ne dit qu'une seule et même chose)! Vous voyez sa fortune, sa splendeur ; vous payez ses succès ; et c'est dans cet état de prospérité, c'est quand ses armées sont payées, nourries, entretenues par nous et chez nous, qu'elle multiplie chez elle les valeurs représentatives, soutient ses billets, et attire l'argent du dehors par la hausse du prix légal de l'argent ! Pourquoi n'aurions-nous pas la même confiance en nous-mêmes ? Pourquoi, témoins légers ou indifférens du jeu, de la solidité et des effets de ce levier, refuserons-nous de l'employer pour nous retirer de l'abîme où la fortune et des fautes cruelles nous ont précipités ?

Nous dirons à tous : nous vous offrons ce que vous avez, ce dont vous ne pouvez vous passer ; nous ne faisons que vous montrer l'usage que vous pouvez en faire, les ressources que vous pouvez en obtenir. En vous indiquant les développemens et les combinaisons dont une valeur de *crédit*, ou papier de banque est susceptible, nous vous l'offrons libre, fructueux chaque jour et à chacun. Le Gouvernement aura le courage et la fermeté de vous le présenter ; vous l'accepterez par confiance, vous le rechercherez par intérêt, et l'adoucissement des plaies de la patrie sera l'ouvrage de chaque citoyen. Il sera notre récompense, comme il est l'objet de nos vœux les plus ardens.

----

(55) Voir le chapitre *du Crédit*, page 31.

(1re. NOTE.)

DE LA DIVISION ET DE LA FABRICATION DES NOUVELLES MONNAIES.

§. Ier.

De leur Division.

Nous avons dit (page 9) qu'il ne serait rien changé au titre : c'est par la réduction dans le poids que l'augmentation proposée dans les prix de l'or et de l'argent doit être remplie.

L'unité monétaire, appelée franc, équivaut à un poids de 5 grammes, et contient 4 grammes $\frac{1}{2}$, soit $\frac{9}{10}$ d'argent pur : elle est la 200e partie d'un kilogramme.

D'après le nouveau prix de l'argent (page 7), l'unité monétaire de la *monnaie d'état* sera du poids de 4 grammes $\frac{4444}{10000}$, et contiendra 4 grammes, soit $\frac{9}{10}$ d'argent pur : elle sera la 225e. partie d'un kilogramme.

La nouvelle monnaie, dite *monnaie d'état*, consistera en pièces legales d'or, au titre de $\frac{900}{1000}$; en pièces légales d'argent au titre de $\frac{900}{1000}$; en pièces légales, dites billon ; au titre de $\frac{200}{1000}$; et en pièces légales de cuivre pur. Ces pièces seront invariables dans leur valeur.

Monnaie d'Or.

Il y aura trois sortes de pièces légales d'or : l'une de la somme de *cent francs* ; l'autre de la somme de *quarante francs* ; la troisième de la somme de *vingt francs.*

Les pièces de *cent francs* seront du poids de 31 grammes $\frac{7460}{10000}$, et contiendront 28 grammes $\frac{5714}{10000}$ d'or fin : elles seront à la taille de 31 pièces $\frac{1}{2}$ pour un kilogramme.

Les pièces de *quarante francs* seront du poids de 12 grammes $\frac{6954}{10000}$, et contiendront 11 grammes $\frac{4180}{10000}$ d'or fin : elles seront à la taille de 78 pièces $\frac{3}{4}$ pour un kilogramme.

Les pièces de *vingt francs* seront du poids de 6 grammes $\frac{5400}{10000}$, et contiendront 5 grammes $\frac{7143}{10000}$ d'or fin : elles seront à la taille de 157 pièces $\frac{1}{2}$ pour un kilogramme.

Les pièces de *cent francs* conviennent à un état riche et considérable eomme la France, et où l'or est abondant. Elles seront fabriquées avec les anciennes pièces d'or tournois, dites louis : en outre, la création et la valeur de ces pièces sont combinées avec l'économie dans les frais de fabrication, dont nous allons parler plus bas.

Monnaie d'Argent.

La monnaie d'argent sera divisée en pièces de *cinq francs*, en pièces de *deux francs*, en pièces d'*un franc*, et en pièces de *demi-franc* , soit *cinquante centimes.* (La pièce d'*un quart de franc* , soit *vingt-cinq centimes* , sera supprimée.)

Les pièces de *cinq francs* seront du poids de 22 grammes $\frac{1111}{10000}$, et contiendront 20 grammes d'argent fin : elles seront à la taille de 45 pièces pour un kilogramme.

Les pièces de *deux francs* seront du poids de 8 grammes $\frac{8889}{10000}$, et contiendront 8 grammes d'argent fin : elles seront à la taille de 112 pièces ½ pour un kilogramme.

Les pièces d'*un franc* , valeur de l'unité monétaire , seront du poids de 4 grammes $\frac{4444}{10000}$, et contiendront 4 grammes d'argent fin : elles seront à la taille de 225 pièces pour un kilogramme.

Les pièces de *demi-franc* seront du poids de 2 grammes $\frac{2222}{10000}$, et contiendront 2 grammes d'argent fin : elles seront à la taille de 45o pièces pour un kilogramme.

Monnaie de Billon.

Il y aura deux sortes de pièces, dites de billon : l'une, de la valeur de *vingt-cinq centimes*, en remplacement de celle de pareille valeur en argent, qui sera supprimée; l'autre, de la valeur de *dix centimes.*

Les pièces de *vingt-cinq centimes* seront du poids de 5 grammes, et contiendront 1 gramme d'argent fin : elles seront à la taille de 200 pièces pour un kilogramme.

Les pièces de *dix centimes* seront du poids de 2 grammes , et contiendront $\frac{4000}{10000}$ de gramme d'argent fin : elles seront à la taille de 5oo pièces pour un kilogramme (56).

Monnaie de Cuivre pur.

Deux sortes de pièces de cuivre pur suffiront pour les échanges de détail, pour les menues dépenses de tous les jours , de tous les momens , auxquels seuls cette monnaie est destinée ; d'autant mieux que la monnaie de billon est destinée au même usage.

Elles seront : l'une, du prix de *cinq centimes*, ou un sou (57), du poids de 6 grammes, et à la taille de 166 pièces ⅔ pour un kilogramme ; l'autre, de *deux centimes et demi*, ou un demi-sou , du poids de 3 grammes, et à la taille de 333 pièces ⅓ pour un kilogramme.

§. II.

De leur Fabrication.

Dans la fabrication des monnaies , il appartient à la politique de régler leur titre et le prix légal de l'or

---

(56) Elles existent, et il en a été fabriqué pour 3,286,932 fr. 4o c. (*Voir* pages 178 et 179 du budget de 1817), loi du 15 septembre 1807, art. 18.

(57) Un décret du 12 février 1812, et un arrêté du 28 mars 1812, explicatif dudit décret, ont posé en principe le maintien exclusif du système décimal; mais en même temps ils ont, pour les usages et les relations journaliers et de détail , converti les basses fractions décimales en fractions carrées, et leur ont donné des noms populairement connus. Cette mesure appliquée aux monnaies, présentera la même utilité, et sera également sans inconvénient : ainsi, la pièce

et de l'argent ; mais tout ce qui tient au matériel des monnaies, au mécanisme de la fabrication , doit se rapporter à l'économie.

C'est d'après ce principe que nous avons combiné la division et la proportion des pièces d'or et d'argent , de billon et de cuivre , dont nous venons de donner la nomenclature.

Onze coins étaient nécessaires pour frapper les onze sortes de monnaies ou pièces actuellement en circulation.

La nouvelle monnaie sera aussi divisée en onze sortes de pièces , et quatre coins suffiront pour les frapper.

L'un sera employé à frapper les pièces de 100 fr. » | 5 fr. » | ;

Un second frappera les pièces de 40 fr. » | 2 fr. » | » fr. 25 c. | » fr. 05 c. | ;

Un troisième frappera les pièces de 20 fr. » | 1 fr. » | » fr. 02 c. $\frac{1}{2}$ | ;

Le quatrième frappera les pièces de » fr. 50 c. | » fr. 10 c. |

Les anciennes pièces d'argent tournois seront mises hors de circulation.

Les anciens louis d'or tournois, de 24 liv. et de 48 liv. , disparaîtront tout-à-fait, et viendront se reproduire sous la forme d'une pièce de *cent francs* , qui sera battue avec le coin de la pièce de *cinq francs* , aura la même superficie, sera un peu moins épaisse et d'un très-beau modèle.

De plus longs détails sur la comparaison des anciennes avec les nouvelles pièces , sur le changement de quelques-unes d'entre elles , sur leur volume et leur rapport entre elles d'après le poids relatif des différens métaux, sur les moyens industriels à employer pour opérer avec économie et activité la refonte projetée, seraient superflus ici (58).

Nous ferons seulement remarquer que les monnaies fabriquées depuis la restauration , quoique bien gravées , donnent trop de facilité à la fausse fabrication , par leur simplicité. Il nous paraîtrait convenable que les nouvelles monnaies fussent plus chargées d'ornemens : la gravure, surtout, devrait être exécutée avec la plus grande perfection possible. On pourrait adopter pour types ou empreintes :

D'un côté, l'effigie du Roi, avec l'exergue actuel.

De l'autre côté, l'écusson des armes de France , blasonné, surmonté de la couronne, orné du manteau royal et de tous les attributs de la royauté ; de plus, le millésime , le coq emblématique, la lettre indicative de l'hôtel des monnaies qui aura frappé la pièce, et pour exergue, les mots « *Charte — 1814.* »

Sur le cordon , pour légende , les mots « *Domine salvum fac regem.* »

Nous terminerons par quelques mots sur les monnaies de cuivre pur.

Lorsque la loi autorisait à donner dans les paiemens $\frac{1}{40}$ en monnaie de cuivre (59), elle était si abondante qu'elle perdait , contre écus , de 3 à 4 p. °. La loi du 18 août 1810, qui a prescrit que cette monnaie ne serait plus employée dans les paiemens que pour les appoints au-dessous de cinq francs, en a arrêté la circulation comme monnaie; dès lors, elle a dû prendre une autre direction ; et, sans doute, que n'ayant plus d'emploi dans les paiemens, une grande partie aura été fondue et livrée au commerce : aussi estimons-nous que les 44 millions de francs mis en circulation sont réduits à 30 millions de francs.

---

de *cinq centimes* s'appellerait pièce d'un sou , et celle de *deux centimes et demi* s'appellerait demi-sou ou pièce de deux liards.

(58) Ces détails ne peuvent intéresser que le Ministre ou l'administration ; s'ils étaient demandés, nous nous empresserions de les donner.

(59) Loi du 14 *nivôse an* 4 (4 janvier 1796) , *Bulletin des lois* 53 , n°. 458.

Cette somme nous paraît être encore beaucoup au-dessus des besoins ; et il est d'uatant plu
essentiel d'en faire la remarque, que les frais de fabrication de cette monnaie étant très-coûteux
il convient d'en tenir la fabrication plutôt au-dessous qu'au-dessus des besoins : d'abord pour l
faire rechercher, ensuite par économie, et enfin parce qu'on peut en augmenter la quantité quan
on veut.

D'un autre côté, nous avons l'opinion que la monnaie de cuivre doit être considérée comme un
valeur de convention et non comme une valeur réelle, et que l'évaluation en doit être déterminé
d'après le prix de la matière et les frais de fabrication, de manière qu'elle ne présente aucu
avantage ni pour l'exportation, ni pour l'importation, ni pour la fausse fabrication : dès lors, l
poids, le volume peuvent en être diminués pour la commodité du public et sans inconvénient
surtout, quand la monnaie de cuivre bien soignée, frappée avec les mêmes coins que les pièces d'o
et d'argent, se défendra elle-même contre la fabrication étrangère, par la difficulté de l'exécution
par le fini du travail, et par le haut prix de la gravure des coins.

C'est d'après ces observations et ces motifs que nous avons fixé à 6 grammes et à 3 gramme
les nouvelles pièces d'un sou et de deux liards.

Les 30 millions de francs en monnaie de cuivre, actuellement en circulation, représentent un poid
de six millions de kilogrammes en matière de cuivre.

Deux millions de kilogrammes pris et choisis dans ce que cette masse offrirait de plus pur, donneraien
une somme de 16,666,666 fr. 67 c., qui, réunie à celle de 3,534,727 fr. 40 c. en monnaie de billon
donne un total de 20,201,394 fr. 07 c., somme présumée plus que suffisante pour les dépenses de détail
jusqu'à ce que l'expérience et les réclamations des autorités départementales en fassent juger autrement.

Cette opération laisserait à la disposition du Gouvernement, et sans emploi, une quantité de 4 million
de kilogrammes en matière de cuivre de rebut. La vente de cette matière couvrirait les frais de fabricatio
de cette monnaie, et laisserait en outre au Gouvernement un bénéfice d'environ un million. (Les détails e
seront développés dans le travail particulier annoncé par la note 58.)

§. III.

De la Fabrication des Billets de Banque.

On ne saurait disconvenir que les billets n'ayant pas, comme les métaux, une valeur intrinsèque cor-
respondante à la valeur nominale qu'on leur donne, présentent un grand appât à la fausse fabrication
Mais il est possible de faire échouer toute tentative de cette nature par la sévérité des peines, par la
surveillance spéciale et intéressée des agens de la police, et par des combinaisons multipliées dans l
confection des billets (60).

Fabriquer, distribuer un faux billet mis sous la garantie de l'État, est aussi nuisible, aussi criminel,
que de fabriquer, distribuer un faux écu : il doit y avoir parité de peine.

L'administration de la police, qui reçoit de la loi tous les pouvoirs pour rechercher, prévenir ou découvrir les crimes, doit à l'État un compte rigoureux de ce qu'elle aura fait pour remplir cette partie de se

---

(60) Rapport à la Banque de France. (*Moniteur*, 5 février 1817, pages 137 et 138.)

evoirs , et les agens qu'elle emploie dans l'intérieur ou au dehors doivent être punis ou récompensés ; ivant qu'il sera prouvé , par ce compte rigoureux , qu'ils ont ou qu'ils n'ont pas fait tout ce qu'ils raient dû faire pour découvrir les ateliers de fausse fabrication , soit d'après leurs instructions , it d'après leur position , soit d'après les circonstances.

Quant à la fabrication matérielle , le choix , la couleur , la délicatesse du tissu du papier , le fini la complication du travail de la gravure , la multiplicité des signatures et des signes tracés à la ain , surtout le secret dans le travail , sont des garanties à peu près certaines. Le renouvellement s billets , chaque année , sera un obstacle presqu'invincible pour le faussaire (61).

---

(61) Il serait facile d'avoir des signes particuliers pour reconnaître promptement les billets faux , s'il en paraissait , et iliter et hâter les recherches de la police , pour en découvrir l'origine et en arrêter l'émission.

N. B. Il serait peut-être sage et important de défendre toute introduction ou retour en France des billets qui en se= ent sortis.

RECETTES.	Suivant la loi du 25 mars 1817.			Selon notre plan.		OBSERVATIONS
	Temporaires.	Permanentes.	Totaux.	Réductions.	Totaux.	
Contribution foncière.........principal..	//	171,930,017	171,930,017	21,930,017	150,000,000	
D°. personnelle et mobilière.... *idem* ..	//	27,244,620	27,244,620	7,244.620	20,000,000	
D°. des portes et fenêtres....... *idem* ..	//	12,874,230	12,874,230	2,874,230	10,000,000	
D°. des patentes............. *idem* .	//	17,596,136	17.596,136	2,596,136	15,000,000	
	//	229,645,003	229,645,003	34,645,003	195,000,000	
Centimes additionnels :						
33 c. 1/3 sur la contribution foncière, au lieu de 50 c..................	//	85,965,008	85,965,008	35,965,008	50,000,000	
75 c. sur la contribution personnelle et mobi-lière, au lieu de 100 c..............	13,622,310	13,622,310	27,244,620	12 244,620	15,000,000	
20 c. sur les portes et fenêtres, au lieu de 100 c.	11,586,807	1,287,423	12,874,230	10,874,230	2,000,000	
// sur les patentes, au lieu de 5 c..........	//	879,806	879 806	879,806	//	
Totaux.......(63)..... ..	25,209,117	331,399,550	356,608,667	94,608,667	262,000,000	
Douanes. { Douanes (*a*)	//	40,000,000	40,000,000	//	40,000,000	
Douanes. { Droits sur les sels.............	//	35,000,000	35,000,000	7,400,000	27,600,000	
Contrib. { Droits sur les boissons et autres.	//	86,000,000	86,000,000	//	86,000,000	
indirectes. { Régie des tabacs.............	//	34,000,000	34,000,000	//	34,000,000	
Enregistrement, domaines et timbre........	//	140,000,000	140,000,000	//	140,000,000	
Postes....................	//	9,000,000	9,000,000	//	9,000,000	
Loteries...................	//	8,000,000	8,000,000	//	8,000,000	
Coupes de bois....	//	16,400,000	16,400,000	//	16,400,000	
Recettes accidentelles et décomptes (*b*).	1,000,000	1,000,000	2,000,000	//	2,000,000	
Salines de l'Est............	//	2,400,000	2,400,000	400,000	2,000,000	
Reste à recouvrer sur les bois........	3,000,000	//	3,000,000	3,000,000	//	
Id. sur les biens des communes.......	6,000,000	//	6,000,000	6,000,000	//	
Abandon par le Roi et les princes.....	5,000,000	//	5,000,000	5,000,000	//	
Retenue sur les traitemens...........	13,000,000	//	13,000,000	13,000,000	//	
Id. sur les pensions.............	1,200,000	//	1,200,000	1,200,000	//	
	54,409,117	703,199,550	757,608,667	130,608,667	627,000,000	
Qu'il convient de rappeler sur les douanes, suivant note (*a*) ci en marge.					5,000,000	
Sur les recettes accidentelles, suivant note (*b*) *idem*..............					3,000,000	
Total des contributions publiques et recettes fixes..					635,000,000	
Total des dépenses suivant le tableau ci-contre....					671,000,000	
Différence ou excédant des dépenses sur les recettes (*c*).					36,000,000	

(Produits divers. — accolade regroupant les lignes « Recettes accidentelles et décomptes » à « Id. sur les pensions ».)

(62) Les contributions publiques établies par ce tableau, le sont en francs actuels. Le Gouvernement faisant la refonte des monnaies politiquement, et sans retenir la différence entre les prix de l'ancienne et de la nouvelle monnaie, et les contributions qui sont d'origine ancienne devant être payées en monnaie d'État, franc pour franc, valeur nominale (*V.* page 10), il convient d'ajouter 10 p. % en sus des sommes ci-dessus, dans la loi qui fixera le montant desdites contributions.

Cette remarque s'applique en principe à toutes les dépenses qui sont portées à ce budget en francs actuels ; mais elles sont susceptibles d'exceptions à l'infini, et d'une révision, d'une fixation et d'un mode d'exécution plus méthodiques, plus économiques et plus justes. Nous renvoyons les détails à notre second cahier. (*V.* note 54, p. 37.)

(63) *V.* la note 54, page 37.

possibles, d'après notre Plan, dans les recettes et les dépenses.

DÉPENSES.	Suivant la loi du 25 mars 1817.			D'après notre travail.			OBSERVATIONS (64)
	Totaux.	Temporaires.	Permanentes.	Réductions.	Augmentat.	Totaux.	
Dette perpétuelle..............	117,000,000	18,223,355	98,776,645	5,000,000	35,000,000	128,776,645	*A* extinguible.
Dette viagère................	13,400,000	//	13,400,000	//	//	13,400,000	Extinguible.
Pensions civiles..............	4,066,500	//	4,066,500	//	//	4,066,500	*B* dont 1,066,500 fr. extinguibles.
Pensions milit., pensions des veuves et soldes de retraite définitives...	51,762,317	//	51,762,317	//	//	51,762,317	*C* dont 31,762,317 f. ext.
Pensions ecclésiastiques..........	15,000,000	//	15,000,000	//	//	15,000,000	*D* dont 7,400,000 f. ext.
Intérêts des cautionnemens........	9,000,000	//	9,000,000	145,934	1,000,000	9,854,066	*E* pages 27 et 50.
	210,228,817	18,223,355	192,005,462	5,145,934	36,000,000	222,859,528	
Fonds d'amortissement..........	40,000,000	//	40,000,000	10,000,000	//	30,000,000	*J.*
Liste civile et famille royale.....	34,000,000	//	34,000,000	//	//	34,000,000	L'utilité et les besoins du clergé, et les développemens que la discussion du budget de 1817 a fournis, dispensent de toute explication sur cette augmentation, que nous aurions voulu élever plus haut.
Clergé.................	21,500,000	//	21,500,000	//	1,500,000	23,000,000	
Chambre des pairs..............	2,000,000	//	2,000,000	//	//	2,000,000	
Chambre des députés............	680,000	//	680,000	//	//	680,000	
Ministère de la justice..........	17,600,000	//	17,600,000	//	//	17,600,000	
D°. des affaires étrangères........	6,500,000	//	6,500,000	//	//	6,500,000	
D°. de l'intérieur..............	34,433,500	//	34,433,500	//	//	34,433,500	
Plus, pour dépenses communales et départementales........	27,800,000	//	27,800,000	//	//	27,800,000	
D°. des finances...............	13,200,000	//	13,200,000	3,000,000	//	10,200,000	*F* § 6, 7 et 8, page 51.
Plus, pour fonds de dégrèvement et de non-valeurs..............	9,902,082	1,991,746	7,910,336	1,910,336	//	6,000,000	Voir page 26.
Plus, pour l'achèvement du cadastre	3,000,000	//	3,000,000	//	2,000,000	5,000,000	Voir page 25. L'importance de ce travail motive suffisamment cette augmentation.
D°. de la guerre (y compris les traitemens de réforme et retraites sujettes à visites annuelles)........	139,600,000	//	139,600,000	//	//	139,600,000	*F.*
Plus, fonds de demi-soldes........	16,000,000	//	16,000,000	//	//	16,000,000	*H* extinguibles.
Plus, secours aux réfugiés étrangers.	1,900,000	//	1,900,000	//	300,000	2,200,000	*G* extinguibles.
D°. de la marine...............	44,000,000	//	44,000,000	//	//	44,000,000	*F.*
D°. de la police générale..........	1,000,000	//	1,000,000	//	//	1,000,000	
Frais de négociations de fonds......	15,000,000	5,000,000	10,000,000	3,650,000	//	6,350,000	Voir page 25.
	638,344,399	25,215,101	613,129,298	23,706,270	39,800,000	629,223,028	
Complément des							
Budget de 1814 (9 derniers mois.).	8,238,000	8,238,000	//	//	//	//	
Budget de 1815................	51,287,000	51,287,000	//	//	//	//	Voir page 24.
Budget de 1816................	23,525,859	23,525,859	//	//	//	//	
Restes sur la dette pub. de 1814 et antérieurs, payables en numéraire.	4,000,000	4,000,000	//	//	//	//	Voir page 24.
Dette des caisses du trésor........	23,000,000	23,000,000	//	//	//	//	Voir page 23.
Obligations royales et intérêts. (*Loi du 23 septembre 1814.*)........	4,865,000	4,865,000	//	//	//	//	Voir pages 22 et 23.
Remboursement aux départemens de la 2e. moitié des 20 millions avancés en 1815 aux troupes étrangères pour habillement, etc.....	10,000,000	10,000,000	//	//	//	//	
Dépense éventuelle: Intérêts des capitaux des créances étrangères (*Art. 17 et 18 de la Convention, du 20 novembre 1815.*)........	6,000,000	6,000,000	//	//	//	//	Voir page 22.
	769,260,258	156,130,960	613,129,298	23,706,270	39,800,000	629,223,028	
2me. 1/5e. de la contribution de guerre de 700 millions pour 1817.......	140,000,000	140,000,000	//	//	//	//	
Entretien et solde des troupes étrangères pour 1817.............	150,000,000	150,000,000	//	//	//	//	Voir pages 21 et 22.
1er. quart des 20 millions ajournés sur 1816.................	5,000,000	5,000,000	//	//	//	//	
Travaux dans les places occupées...	5,000,000	5,000,000	//	//	//	//	
	1,069,260,258	456,130,960	613,129,298	23,706,270	39,800,000	629,223,028	
Secours extraordinaires aux militaires de terre et de mer........	....	//	//	//	//	2,500,000	*H* extinguibles.
Fonds de réserve pour tous cas imprévus..................	....	//	//	//	//	3,276,972	Extinguibles.
Rentes à créer en 1818, 1819 et 1820, suivant le budget pr. 1817, p. 142.	65,800,000	//	65,800,000	29,800,000	//	36,000,000	Voir pages 27 et 28.
TOTAL GÉNÉRAL des dépenses annuelles...............						671,000,000	

(64) Pour les articles marqués des lettres *A*, *B*, *C*, etc., *V.* page 48 et suivantes. Ces notes sont particulièrement recommandées à l'attention du lecteur.

RECETTES.

1°. *Augm*ⁱᵒⁿ. Présumée sur les Douanes, suivant note *a*, page 44.

2°. *Augm*ⁱᵒⁿ. Sur les recettes accidentelles, particulièrement, 1°. par le produit de la vente des effets militaires, approvisionnemens de guerre, etc., mis hors de service; 2°. par le produit des passe-ports, ports d'armes, des jeux et autres articles de recettes perçus par la Police, et dont il convient de connaître et suivre le produit, sauf à augmenter les dépenses de ce Ministère et de l'Administration de la police à Paris et dans le Royaume, de ce qui sera reconnu nécessaire. (Note *b*, page 44.)

3°. *Augm*ⁱᵒⁿ. Par l'encaissement présumé du capital de cautionnemens en retard, et pour les intérêts duquel il est fait au budget un fonds de 1,000,000. (Pages 45 et 50, note *E*.).

4°. *Augm*ⁱᵒⁿ. Par la part des bénéfices de la Banque royale-nationale de France, accordée au Trésor, pour et à titre de supplément casuel à ses recettes effectives. (Page 18.)

5°. *Augm*ⁱᵒⁿ. Par la part des intérêts composés qui peut revenir à la France sur la caisse des fonds ou des intérêts de l'inscription de garantie de 7,000,000 de rentes. (Page 48, note *A*.)

6°. *Augm*ⁱᵒⁿ. Par les bénéfices de la Caisse des consignations et dépôts, après le paiement de ses dépenses et de celles de la Caisse d'amortissement, auxquelles elle pourvoit.

7°. *Augm*ⁱᵒⁿ Par la liquidation du domaine extraordinaire de la Couronne.

8°. *Augm*ⁱᵒⁿ. Par la reprise des domaines engagés; dont il est bien temps de s'occuper sérieusement.

9°. *Augm*ⁱᵒⁿ Par le bénéfice de $4\frac{1}{3}$ p. ⁰⁄₀ par an, que le Gouvernement fera sur les billets de Banque qui circuleront et stationneront dans ses caisses, et surtout sur ceux représentatifs du crédit de 900,000,000 fr.

10°. *Augm*ⁱᵒⁿ. Par la liquidation de tous les comptes et de toutes les Caisses au 1ᵉʳ. janvier 1818.

11°. *Augm*ⁱᵒⁿ. Par le capital qui sera produit par ce qui sera vendu sur les 150,000 hectares de bois affectés à la Caisse d'amortissement, et rendus libres par ce plan (note *J*, page 52), ou par le revenu de ces bois.

12°. *Augm*ⁱᵒⁿ. Par la retenue (projetée) sur les rentes d'État, les rentes viagères et les pensions.

13°. *Augm*ⁱᵒⁿ. Par la différence du montant des 10 p. ⁰⁄₀ en sus sur les recettes de toute nature, et des 10 p. ⁰⁄₀ en sus sur seulement celles des dépenses qui en seront susceptibles. (Page 44, note 62.)

<table>
<tr><td>

RÉDUCTIONS

ou

AUGMENTATIONS.

</td><td>

DÉPENSES.

</td></tr>
</table>

1°. *Augm^ion*. Le supplément qui sera jugé nécessaire pour le service de la Police , en contreposition de l'augmentation des recettes que l'on en retirera , en la faisant compter publiquement de ses finances.

2°. *Réduc^ion*. Présumée sur le supplément de 1,000,000 f. d'intérêts pour cautionnemens porté au budget. (Pages 45 et 50 , note *E.*)

3°. *Réduc^ion*. Sur la dette perpétuelle : 1°. de ce qui n'aura pas été employé sur le crédit de 6,000,000 de rentes du 28 avril 1816 ; 2° de ce qui n'aura pas été employé sur l'inscription de garantie de 7,000,000 de rentes aux étrangers ; 3°. de ce qui n'aura pas été employé sur le crédit de rentes de 30,000,000 , du 25 mars 1817 ; 4°. de ce qu'il y aurait de moins à inscrire sur les 20,000,000 de rentes affectés à la liquidation de l'arriéré ; 5°. de ce qui peut excéder les 5,000,000 de rentes portés en réduction au budget (page 45), pour valeur des rentes rachetées par la Caisse d'amortissement au 1er. janvier 1818. (*Voir* page 48 , note *A* , et loi du 25 mars 1817 , art. 5 et 6.)

4°. *Augm^ion*. D'un crédit en rentes (s'il y a lieu) pour payer les créances arriérées , de l'an 9 (1801) à 1809 inclus. (*Voir* lois du 20 mars 1813 et du 25 mars 1817 , art. 4 , §. 1er.)

5°. *Réduc^ion*. De la dette viagère par les extinctions annuelles.

6°. *Réduc^ion*. Des pensions civiles , pour la valeur excédant le *maximum* ; et ce , de suite , au fur et à mesure de l'augmentation du fonds de retenue qui doit payer cet excédant. (Page 49 , note *B.*)

7°. *Réduc^ion*. Des pensions militaires , soldes de retraite définitives , etc. , excédant le *maximum* ; et ce , chaque année , à raison de moitié des extinctions connues. (Page 50 , note *C* , loi du 25 mars 1817 , art. 32.)

8°. *Réduc^ion*. Des pensions ecclésiastiques , par les extinctions annuelles. (Page 50 , note *D.*)

9°. *Réduc^ion*. Sur les Ministères de la guerre , de la marine et de l'intérieur (s'il y a lieu) , à raison des secours extraordinaires qui leur seront accordés sur le fonds de 900,000,000 fr. (Pages 29 et 50 , note *F.*)

10°. *Réduc^ion*. Par la suppression ou l'extinction , suivant les circonstances , des secours accordés aux réfugiés étrangers. (*Voir* page 51 , note *G.*)

11°. *Réduc^ion*. Par ce qui ne serait pas employé sur le fonds de secours extraordinaires à nos armées de terre et de mer , ou par la suppression de cette dépense , suivant qu'il y aura lieu. (Page 51 , note *H.*)

12°. *Réduc^ion*. Par le non-emploi de tout ou partie du fonds de réserve , sans application. (Page 45.)

13°. *Réduc^ion*. Par l'annullation d'une rente de 1,500,000 fr. au profit de la Banque de France , extinguible en 1818. (*Voir* les Renseignemens sur la Banque actuelle de France , page 54.)

14°. *Réduc^ion*. Par la suppression ou l'extinction successives des demi-soldes.

15°. *Réduc^ion*. Par la liquidation de l'entretien des troupes étrangères pendant 1817 , dont les fonds ont été demandés et accordés pour 200,000 hommes , et qui ont été réduites à 160,000 hommes , à partir du 1er. avril 1817. (*Voir* note 45 , page 21.)

(4e. NOTE.)

RENSEIGNEMENS ou *DÉVELOPPEMENT DE PLUSIEURS ARTICLES DU BUDGET.*

A.

Rentes inscrites au 1er. octobre 1815...	65,393,312
Rentes inscrites du 1er. octobre 1815 au 1er. août 1816.............................	3,100,000
Rente inscrite au profit de la maison *Bentheim*	33,333
Rentes des Communes..	750,000
Dettes du Roi...	1,500,000
	70,776,645
Crédit ouvert par la loi du 28 avril 1816 (art. 117), sauf compte et justification.......	6,000,000
Inscription de garantie pour la liquidation des créances étrangères (art. 17, 20, 21 et 22 de la convention particulière avec les Puissances continentales, et art. 9 de la convention spéciale avec l'Angleterre; toutes les deux résultant de l'art. 9 de l'acte du 20 novembre 1815 (jouissance du 22 mars 1816), sauf compte et justification	7,000,000
Crédit ouvert par la loi du 25 mars 1817 (art. 127), de 30 millions de rentes, présumé ne devoir être employé en 1817 que pour la moitié, sauf compte et justification.........	15,000,000
TOTAL...	98,776,645

Nota. La dette perpétuelle était portée au budget de 1817 pour........ 117,000,000

Il convient d'en déduire :

1°. Un fonds de réserve, fait en rentes, sans application, de. 3,600,000

2°. Un à-compte payable en 1817, sur les intérêts de l'*arriéré* antérieur au 1er. janvier 1816: ces intérêts courant depuis le 5 mai 1816. (*Voir* page 27)....................... 14,623,355

18,223,355

Reste en rentes permanentes.. 98,776,645

A AJOUTER:

1°. Le complément du crédit de 30 millions de rentes, ouvert par la loi du 25 mars 1817, et porté ci-dessus seulement pour 15 millions, ci	15,000,000
2°. L'intérêt courant de la *dette arriérée*, évaluée à 400 millions (*voir* page 27), ci.....	20,000,000
A reporter ci-après........	133,776,645

(49)

<table>
<tr><td>Reports.............................</td><td>133,776,645</td></tr>
</table>

A DÉDUIRE :

Le montant des rentes rachetées par la Caisse d'amortissement au 1er. janvier 1818, laquelle doit (comme généralement tout ce qui concerne les finances de l'État) partir à compte nouveau dudit jour, ci 5,000,000

Qu'il reste définitivement en rentes perpétuelles....................... 128,776,645

Nota. Sur cette somme, sont extinguibles les économies, 1°. sur le crédit de 6 millions de rentes du 28 avril 1816 ; 2°. sur l'inscription de garantie de 7 millions de rentes : plus, la portion des intérêts composés revenant à la France après la liquidation définitive des créances étrangères (*voir les actes sus-indiqués*) ; 3°. sur le crédit de 30 millions de rentes, du 25 mars 1817 ; 4°. sur les 20 millions de rentes représentant les intérêts de *l'arriéré*.

D'après le budget pour 1817 (page 144), les rentes qui auront dû être rachetées au 1er. janvier 1818 par la Caisse d'amortissement, devront s'élever à 5,138,888 fr. Nous ne les avons réduites au budget que pour 5 millions, attendu que le Ministre avait pris pour base le cours de 60 fr., et que ce cours, pendant plusieurs mois, s'est élevé à 64 fr., 65 fr., 66 fr. Cet article sera à régulariser après le compte qui sera rendu par cette Caisse au 31 décembre 1817. (*Voir* note J, page 52.)

B,

L'art. 30 de la loi du 25 mars 1817 fixe le *maximum* des pensions civiles à............... 3,000,000
Elles sont portées à ce budget, d'après le budget de 1817, pour.................... 4,066,500

Valeur excédant le *maximum*, et extinguible. 1,066,500

SAVOIR :

Provenant du ministère de la guerre, pour........................	200,000	
Du ministère des finances, pour........................	500,000	*Somme égale.*
Du ministère de l'intérieur (y compris 166,500 fr. pour l'Université), pour................................	366,500	

Ces pensions devraient être payées sur le fonds spécial des retenues faites aux employés de ces divers ministères : elles sont mises à la charge de l'État, attendu l'insuffisance des fonds de retenue ; et ce, seulement jusqu'à ce que les fonds de retenue soient en état de les acquitter. (Art. 29 de la loi du 25 mars 1817.)

7

C.

Cet article comprend toutes les pensions militaires, les pensions des veuves, les soldes de retraite, excepté les traitemens de réforme et les soldes de retraite aux militaires sujets à la visite annuelle.

L'art. 3o de la loi du 25 mars 1817 a fixé le *maximum* de cette dépense à	20,000,000
Elle est portée à ce budget , d'après le budget de 1817 , pour	51,762,317
Valeur excédant ce *maximum* , et extinguible	31,762,317

D.

La totalité des 15 millions formant le montant de cet article de dépense ; est extinguible de sa nature ; mais 7,600,000 fr. faisant, d'après l'art. 27 de la loi du 25 mars 1817, partie des traitemens actifs du Clergé, et devant, à fur et mesure des extinctions, être remplacés par une augmentation égale en traitemens actifs , il en résulte que l'extinguibilité ne peut profiter à l'Etat que pour 7,400,000 fr.

E.

L'augmentation d'un million sur cet article prend sa source dans le projet du budget pour 1818 et années suivantes (page 143.) Nous l'admettons, quoiqu'elle ne soit pas motivée, attendu que le Ministre des finances la reproduit pour les années 1819, 1820 , 1821 ; qu'elle a sans doute sa cause dans des cautionnemens en retard , lesquels, se réalisant, augmenteront la somme des intérêts ; et que nous ne voulons laisser en arrière aucun prétexte ni motif à une augmentation future des dépenses.

La diminution de 145,934 fr. provient du remboursement effectif du cautionnement des caissiers intérieurs et des payeurs extérieurs du Trésor, que nous indiquons (page 26.)

F.

La guerre et la marine sont portées au budget pour 183,600,000 fr., ainsi que la loi du 25 mars 1817 l'a réglé.

Il convient de remarquer ici que les dépenses dites matérielles , telles qu'habillement , vivres , constructions, fournitures de tout genre , etc.; s'élèvent pour ces deux ministères à plus de cent millions.

Il ne peut pas nous être contesté que le crédit de 900 millions, ouvert au Trésor par la Banque, (page 17), donnant au Gouvernement les moyens réels, par avance et d'une manière indubitable , de faire acquitter ses engagemens *à jours fixes*, il obtiendra de cette ponctualité rigoureusement in-dispensable pour avoir du crédit (*voir* le chapitre *du Crédit*, page 31), toujours promise et jamais exécutée, une économie dans ses dépenses, soit par l'indépendance où il sera des conditions des traitans, soit par le droit qu'il aura d'être sévère dans l'exécution des traités de la part des fournisseurs, puisqu'il les exécutera lui-même alors fidèlement, soit par le concours des personnes qui se présen-teront pour ces entreprises; et plus tard, mais après épreuve seulement, par l'intervention des ca-pitalistes et du haut commerce dans les services publics, dont ils ont dû se tenir rigidement éloignés, sous peine de leur discrédit et de la perte de leur fortune.

En calculant cette économie à 20 p. $\frac{0}{0}$ sur les dépenses du matériel de la guerre, et à 10 p. $\frac{0}{0}$ sur les mêmes dépenses de la marine, on aura une économie de, au moins, 15 millions.

Ainsi, en procurant à ces deux ministères ces moyens positifs d'économie, et en leur allouant les mêmes sommes que pour 1817, on augmente réellement et effectivement leurs ressources de 15 millions, sans en grever la nation.

Cette observation peut s'appliquer utilement au ministère de l'intérieur.

Nous nous rappelons que la guerre, la marine et l'administration civile réclament (page 2) des secours prompts et considérables : il doit y être pourvu, et il y est pourvu sur le fonds de 900 mil-lions. (Page 29.)

N. B. Ces secours satisfaisant à une grande partie des dépenses qui absorbent les fonds annuels de ces trois ministères, il doit en résulter de suite ou une réduction dans leurs dépenses, ou un grand développement dans leur personnel, sans augmentation de charges pour l'Etat. Les circonstances où l'on se trouvera doivent régler le choix à faire.

———

G.

La décision généreuse des deux Chambres, sur les secours aux réfugiés étrangers, est trop hono-rable pour la nation, pour ne pas la rappeler ici. Nous devons encore remarquer que la politique et l'humanité sont d'accord sur ce point. Ne parlons pas d'opinions quand il s'agit de rendre service, et ne marchandons pas ce service quand nous devons en retirer le fruit par la réciprocité chez les autres nations, et, à défaut, par le respect qu'il imposera pour le nom français.

Aussi regrettons-nous de n'avoir à proposer qu'une augmentation de 360,000 francs.

Quant à leur emploi, nous désirons qu'il puisse, ainsi que plusieurs Députés l'ont fait observer, se faire de manière à pouvoir l'étendre au plus grand nombre de réfugiés malheureux.

———

H.

16 millions de demi-soldes! 51,762,317 fr. de pensions militaires et soldes de retraite! 700 mille francs de traitemens de réforme! quelle énorme dépense!....... Oui, elle est immense; mais elle fait du bien au cœur. La patrie a donc encore des défenseurs! le Roi et la nation se sont donc entendus sans s'ex-

pliquer ! la magnanimité du Roi et l'honneur des Députés ont donc secouru les braves soldats français, consolé l'infortune , et confondu les haines , les inimitiés , les opinions , dans le noble sentiment de la reconnaissance , en répandant, multipliant les bienfaits sans distinction de rangs , d'armées , de services, ni de bannières !

Pourquoi cet acte de sagesse et de grandeur d'ame, ce trait d'un noble esprit national sont-ils perdus dans les complications difficiles et inévitables d'un budget ! pourquoi nous-mêmes , par l'ordre de notre travail , n'avons-nous l'occasion et la possibilité de les faire remarquer et de leur rendre hommage que dans une note isolée !

Comparativement à ces fortes sommes , l'augmentation de 2,500,000 francs , que nous proposons, est peu importante ; mais elle peut l'être beaucoup par l'usage auquel nous la destinons et le bien qu'elle doit produire.

Le Gouvernement a pourvu aux premiers besoins et à l'existence des débris de nos armées et de notre marine. La cassette du Roi est ouverte pour les secours sans nombre que réclame la position de tant de militaires qui ont perdu leur fortune en perdant, avec le rang qu'ils avaient gagné sous les drapeaux de la France, le traitement qui y était attaché , et des Français que nos discordes ont laissé sans asyle et sans industrie.

C'est pour associer la nation à ces bienfaits , pour seconder la bienveillance de Sa Majesté que nous proposons cette augmentation , dont la distribution serait faite par les ordres immédiats du Roi.

J.

Dans le systême proposé par le Ministre des finances pour 1817 , les voies et moyens pour parer aux dépenses consistaient principalement en création de rentes ; et quand le Ministre proposait la création, d'abord , de 30 millions de rentes pour 1817 , de 65,800,000 fr. de rentes pour les années 1818 , 1819 et 1820 ; quand la liquidation de l'arriéré faisait apercevoir le besoin d'une création simultanée de 20 millions de rentes ; c'était une idée juste et une disposition nécessaire que l'augmentation du fonds d'amortissement , 1°. par le doublement des fonds pris sur les revenus publics; 2°. par la vente de 150,000 hectares de bois.

Mais , par notre systême, la dette publique se trouve dégagée de la création des 65,800,000 fr. de rentes, et définitivement fermée. Ainsi , le présent et l'avenir se trouvent soulagés d'un article de dépense progressive et à peu près illimitée ; ainsi, notre systême donne de suite à l'Etat l'économie et le rachat d'environ les deux-tiers de la somme que le système présenté pour 1817 devait procurer dans 15 années, avec un fonds de 40 millions et le produit de la vente de 150 mille hectares de bois. (*Voir* le projet de budget pour 1817 , page 144.)

Alors, le fonds d'amortissement peut être réduit sans inconvénient ; et sa destination , qui est l'allègement des charges de nos neveux, doit être combinée avec la diminution que nous opérons dans ces charges et avec l'économie de nos ressources, dont notre salut nous fait un devoir religieux.

Aussi estimons-nous que les 150 mille hectares de bois doivent être restitués à l'Etat ; que le fonds d'amortissement, réduit à 30 millions , est plus que suffisant ; et que si quelque circonstance inattendue nous forçait à réduire quelque article de nos dépenses fixes, la réduction devrait porter sur le fonds d'amortissement qui peut être réduit, sans aucun inconvénient quelconque, à 20 millions. La réflexion seule donnera cette conviction, qu'au surplus un simple calcul, un tableau de quelques lignes que chacun saura faire , porteront à l'esprit et aux yeux d'une manière évidente.

Quant aux 15o mille hectares de bois restituables à l'Etat, nous n'examinerons pas ici les avantages ou les inconvéniens de leur vente ; c'est une question d'intérêt public de l'ordre le plus élevé, dont la discussion seule serait un ouvrage, et pour laquelle, d'ailleurs, il faut des matériaux que le Gouvernement seul possède. Nous nous bornons à faire remarquer que c'est une valeur réelle, effective, de plus de cent millions, dont le Gouvernement aura la libre et entière disposition, puisqu'elle n'entre pour rien dans le tableau des ressources destinées à l'acquittement de nos charges extraordinaires et de nos dépenses annuelles. (*Voyez* page 44.)

(5ᵉ. NOTE.)

RENSEIGNEMENS SUR LA BANQUE DE PARIS, DITE *BANQUE DE FRANCE.*

Privilége.

La loi du 24 *germinal an* 11 (14 avril 1803) accorde à la Banque actuelle de France un privilége, pour l'émission de billets , de 15 années qui courent du 1ᵉʳ. *vendémiaire an* 12 (24 septembre 1803) au 24 septembre 1818.

Ce privilége a été renouvelé pour 25 autres années , par la loi du 22 avril 1806 , art. 1ᵉʳ. , et se prolonge ainsi jusqu'au 24 septembre 1843.

Capital.

La loi du 24 *germinal an* 11 (14 avril 1803) avait fixé le capital à 45 mille actions de mille francs l'une ; soit 45 millions de francs.

La loi du 22 avril 1806 a doublé ce nombre d'actions , et en a porté la valeur à 1,200 fr. l'une : ainsi, le capital est de 90 mille actions , soit 108 millions de francs (65).

Au 1ᵉʳ. janvier 1814 , le capital, avec les réserves acquises, était de 111,500,000 fr. (*Moniteur* , 1814 ; page 109.)

Billets.

Au 1ᵉʳ. janvier 1814 , les billets en circulation s'élevaient à 38,326,500 fr. (*Moniteur* , 1814 , p. 83.) (66).

Au 31 janvier 1815 , il a été annullé des billets pour 77,843,000 francs ; il en avait été brûlé pour 173,476,000 fr. ; en tout , 251,319,000 fr. qui ont été remplacés par 75 millions de nouveaux billets *provisoires.* (*Moniteur* , 1815 , pages 123 et 127.)

En février 1817 , les billets, toujours considérés *comme provisoires,* ont été portés de 75 à 100 millions de francs. (*Moniteur* , 1817 , page 137.)

---

(65) Pour lever toutes difficultés dans les comptes, les partages , etc., les 45 mille premières actions ont été portées de 1,000 à 1,200 fr. au moyen des 9 millions de francs pris sur les réserves acquises à cette époque. (*Moniteur* , 1814, page 109.)

(66) A cette même date, la Banque avait en caisse , en argent comptant, 14,354,000 fr. , dont la plus grande partie en or. Le rapport porte, 1°. que ce numéraire est supérieur à la réserve que les banques de circulation doivent conserver en espèces ; 2°. que l'expérience apprend que l'or se cache en sortant de chez les changeurs, et qu'ainsi il est sans profit pour la circulation. (*Voir* note 10 , page 6 , et note 31 , page 13 de ce mémoire .)

(55)

Dividendes , Escomptes et Réserves.

SEMESTRES.		ESCOMPTES.		DIV^DES.	RÉS^VES.		
		f	c	f	f	c	
1er. sem^tre. 1813.	M^eur. 1814 , page 169...	335,367,401	73	39	4	50	Plus : 80,745 f. 14 c. en bénéfice.
2e. sem^tre. 1813.	........D°..........	305,082,051	84	36 ½	3	25	Plus : 46,748 fr. 85 c. d°.
1er. sem^tre. 1814.	M^eur. 1815, p. 123 et 127.	31,195,323	56	30	»	»	Ces dividendes ont été payés au moyen d'un supplément pris sur la réserve, attendu l'insuffisance des bénéfices des semestres.
2e. sem^tre. 1814.	........D°..........	53,534,305	39	30	»	»	
1er. sem^tre. 1815.	M^eur. 1816 , page 93...	106,210,830	53	32	1	»	Plus : 16,111 f. 74 c. en bénéfice.
2e. sem^tre. 1815.	........D°..........	97,354,493	42	32	1	»	Plus : 33,062 fr. 83 c. d°.
1er. sem^tre. 1816.	M^eur. 1817 , page 137...	180,280,538	58	36	3	»	Plus : 74,173 fr. 71 c. d°.
2e. sem^tre. 1816.	........D°..........	239,715,352	26	40	5	»	Plus : 111,333 fr. 44 c. d°.

Le rapport du 31 janvier 1815 (*Moniteur* , pages 123 et 127) déclare que les escomptes ont été refusés dans les momens de besoin.

Comptoirs.

Le décret du 16 janvier 1808 , art. 10 , permet l'établissement des comptoirs d'escompte là où ils seront nécessaires. (*Bulletin* 176 , n°. 2953) (67).

Le décret du 18 mai 1808 , articles 1 , 2 , 3 , 4 et 5 , porte que les comptoirs seront propriétés de la Banque , que les fonds en seront faits par elle , et que les profits seront portés à son crédit.

D'après un rapport inséré au *Moniteur* 1816 , page 93 , les comptoirs extérieurs sont considérés comme onéreux.

Dans un rapport inséré au *Moniteur* de 1817 , page 137 , on confirme cette opinion ; et l'on demande la suppression des comptoirs établis (68).

Opérations.

L'article 8 du décret du 16 janvier 1808 détermine les opérations de la Banque. Or , comme les secours et anticipations à l'Etat n'y sont pas mentionnés, ils en sont exclus (69).

Néanmoins l'on apprend par un rapport du 28 janvier 1814 (*Moniteur* , page 109), qu'une grande

---

(67) Il n'y a eu que trois comptoirs d'établis : l'un à Lyon , l'un à Rouen , l'un à Lille.

(68) Ce rapport explique pourquoi les comptoirs n'ont pas réussi : les raisons données ne sont pas les bonnes ; il faut les chercher dans le décret du 18 mai 1808 , dont on ne parle pas. (*Voir* page 12 de ce mémoire.)

(69) Les articles 16 et 17 de ce décret biaisent là-dessus. Le lecteur en saisira les motifs , les conséquences ; en réfléchissant sur les actes et les faits que nous exposons ici.

partie du capital avait été employée en achat d'inscriptions et d'actions, et en avances au Trésor ; réclamées et non remboursées.

On apprend par un rapport du 31 janvier 1815 (*Moniteur*, pages 123 et 127) , que ces avances n'avaien été faites au Trésor qu'après un traité de décembre 1807 , et sur nantissement.

On apprend par un rapport du 26 janvier 1816 (*Moniteur* , page 93) , que ces avances ne sont pas rentrées ; qu'un traité avait été fait pour leur remboursement ; que ce traité avait assigné pour garantie une inscription de 1,500 mille fr. de rentes ; que ce traité n'est pas exécuté ; et que la Banque garde , pour double gage , ladite inscription de 1,500 mille francs de rentes.

Enfin, on apprend , par un rapport du 5 février 1817 (page 137 du *Moniteur*) , que cette créance sur le Trésor est rentrée, sauf 13,333,333 fr. 33 c. ; et le rapport ne parle ni de l'annullation , ni de la réduction, ni de la restitution du gage , soit de l'inscription de 1,500 mille fr. de rentes.

Garantie.

Un décret du 16 janvier 1808, article 2 ; porte que les actionnaires ne sont responsables que du montant de leurs actions.

FIN.

IMPRIMERIE D'ANT. BAILLEUL , IMPRIMEUR-LIBRAIRE DU COMMERCE,
RUE SAINTE-ANNE, N°. 71.

www.ingramcontent.com/pod-product-compliance
Ingram Content Group UK Ltd.
Pitfield, Milton Keynes, MK11 3LW, UK
UKHW020951120726
13693UKWH00004B/1660